Schmitt

Köstlich essen ohne Milch und Ei

Beate Schmitt

# Köstlich essen ohne Milch und Ei

Über 150 Rezepte
bei Allergien und Laktose-Intoleranz

TRIAS

7 Liebe Leserinnen und Leser ...

8 Gut leben mit Allergien
9 Milcheiweißallergie – wissen, worauf man allergisch reagiert
11 Milchunverträglichkeit: Allergie oder Laktoseintoleranz?
12 Ei-Allergie: Achtung Ei(weiß)?
13 Richtig einkaufen: Die Zutatenliste als Wegweiser
17 Strategien für kleine oder große Alltagshürden

25 Rezepte – reichhaltig kochen und backen
28 Frühstücksideen
34 Kleine Gerichte
54 Hauptgerichte
86 Beilagen
100 Desserts und Süßspeisen
110 Kuchen, Gebäck und Brot

134 Für Gäste

136 Adressen

137 Rezept- und Zutatenverzeichnis

139 Stichwortverzeichnis

140 Impressum


◄ Entengeschnetzeltes »süß-sauer«, S. 74

# Liebe Leserinnen und Leser ...

... Sie halten nun mein zweites Buch zum Thema Ernährung bei Milch- und Eiallergie in den Händen. Das erste ist unter dem Titel »Ohne Milch und ohne Ei« im Jahre 2002 erschienen.

Eigentlich wollte ich kein zweites Buch schreiben, aber die große Anzahl von Leserbriefen und E-Mails hat mich doch dazu bewogen, meine Ideen zu Papier zu bringen. Und so freue ich mich, dass ich Ihnen den Alltag als Allergiker ein wenig erleichtern kann.

Mit diesem Kochbuch erfülle ich den Wunsch zahlreicher Leser, im Gegensatz zu meinem ersten Buch jetzt auch Gerichte mit Fleisch aufzunehmen und vor allem zu zeigen, wie man schnell und ohne Großeinkauf im Reformhaus ein Essen zubereiten kann. Und da ich nach immerhin zwanzig Jahren mit einem allergiekranken Kind viel Erfahrung habe, kann ich Ihnen durch viele praktische Tipps bestimmt auch ein wenig von meiner Erfahrung abgeben. Zwanzig Jahre mit einem Sohn, der unter einer lebensbedrohlichen Milch- und Eiallergie leidet. Zwanzig Jahre experimentieren, immer wieder enttäuscht werden und sich dann über jeden Wunsch nach einem bestimmten Essen freuen, den ich meinem Sohn erfüllen konnte. Sicher, ich stoße auch an Grenzen. Seien wir ehrlich: Die Eier im Rührei kann ich ebenso wenig ersetzen wie die im Biskuitteig. Aber es gibt doch noch viele andere leckere Sachen. Dieses Kochbuch wäre ohne die Erfahrung mit der Allergie meines Sohnes nie zustande gekommen. Dementsprechend finden Sie jede Menge von mir erprobte Rezepte und ebenso viele Tipps, wie Sie sich das Leben erleichtern können. Sie oder Ihr Kind werden sich mit den schmackhaften Gerichten nicht länger krank fühlen, und ganz bestimmt wird es auch Nichtallergikern schmecken.

Mit Begeisterung beobachte ich die Entwicklung auf dem Lebensmittelmarkt: Es gibt immer mehr Anbieter, beispielsweise für Sojamilch, und immer mehr Firmen verschicken auf Anfrage ihre Zutatenliste. Damit Sie beim Einkaufen stets wissen, wonach Sie suchen müssen, finden Sie bei den Rezepten jeweils verschiedene Produktnamen, z. B. von Soja-Sahneersatz oder Soja-Joghurtalternative – so finden sich insbesondere Allergie-Neulinge gut zurecht im Bioladen, Reformhaus oder Supermarkt. Ich wünsche Ihnen viel Spaß beim Lesen und Kochen und freue mich über jede Rückmeldung unter allergieberatung@web.de.

Frankfurt, im Frühjahr 2011

Ihre
Beate Schmitt

# Gut leben mit Allergien

**Eine Allergie kann jeden treffen – jederzeit. Wenn bei Ihnen eine Allergie gegen Milch und/oder Ei diagnostiziert wurde, müssen Sie das betreffende Lebensmittel konsequent meiden. Doch keine Sorge – auch ohne Milch und Ei kann man leckere Speisen zubereiten und genussvoll essen!**

Wenn Sie dieses Buch in Händen halten, hat Ihnen wahrscheinlich ein Arzt bestätigt, dass Sie oder ein Angehöriger unter einer Nahrungsmittelallergie leidet. Nahrungsmittelallergien sind Reaktionen des Körpers auf verschiedene Bestandteile von Lebensmitteln. Die Symptome reichen von Hautausschlag (Nesselsucht) und Schnupfen bis hin zu Atemnot und Asthmaanfällen. Aber auch Durchfälle, Magenkrämpfe, übermäßige Müdigkeit oder Überaktivität zählen dazu und in seltenen Fällen kann es sogar zu einem allergischen Schock kommen. Viele Menschen können sich nicht vorstellen, auch im höheren Alter noch an einer Nahrungsmittelallergie zu erkranken. Dies ist eine Fehleinschätzung! Eine Allergie kann in jedem Lebensalter erstmals auftreten. Die Erfahrung hat gezeigt, dass es sich hierbei nicht um exotische Lebensmittel wie Zitrusfrüchte oder Gewürze handelt, sondern um Nahrungsmittel, die wir schon unser ganzes Leben konsumieren.

### Allergieauslösende Lebensmittel

| Häufigkeit einer Allergie in Prozent | |
|---|---|
| Kuhmilch | 42,0 |
| Hühnerei | |
| – klar | 14,5 |
| – gelb | 9,0 |
| – gelb und klar | 9,7 |
| Fisch | 11,0 |
| Zitrusfrüchte | 4,5 |
| Hülsenfrüchte | 2,5 |
| Fleisch | 1,3 |
| Gemüse | 1,0 |
| Zwiebeln | 1,0 |
| Sonstiges | 2,0 |

## Der Symptomkalender: der Allergie auf den Fersen

Wenn Sie unter Symptomen leiden, deren Ursache Ihnen unklar ist, sollten Sie systematisch vorgehen. Schreiben Sie in einem Symptomkalender mindestens zwei Wochen lang auf,

- was Sie gegessen haben (auch welche Gewürze),
- was Sie getrunken haben,
- wie Sie Ihren Tag gestaltet haben,
- welche Medikamente Sie genommen haben,
- welche Symptome auftraten und wie stark diese waren.

Mit diesem Symptomkalender gehen Sie zum Hautarzt, Allergologen oder Lungenfacharzt und lassen einen Allergietest vornehmen. Sind die Untersuchungsergebnisse nicht eindeutig, wird wahrscheinlich ein Provokationstest nötig sein, bei dem zuerst das Allergen (der allergieauslösende Stoff) vermieden und anschließend wieder verabreicht wird. Wenn Sie dann wissen, wogegen Sie allergisch sind, sollten Sie das Allergen wirklich absolut meiden. Jeder neue Kontakt mit dem Allergen kann die allergische Reaktion verstärken. Dies bedeutet in der Praxis, wenn Sie gegen Milch allergisch sind, dass Sie auch auf Joghurt, Quark, Sahne, Butter und alle Lebensmittel verzichten sollten, die Milcheiweiß enthalten. Die Ursachen der Nahrungsmittelallergie zu bekämpfen ist schwierig. Deshalb heißt es, eine absolute Karenz einzuhalten, also das Lebensmittel vollständig zu meiden.

## Milcheiweißallergie – wissen, worauf man allergisch reagiert

Wenn Sie unter einer Milcheiweißallergie leiden, müssen Sie beachten, dass sich das Milcheiweiß aus verschiedenen Fraktionen, also Bestandteilen, zusammensetzt. Auf jede dieser Fraktion kann man allergisch reagieren. Sie sollten nach einem Allergietest nachfragen, wogegen Sie genau allergisch sind.

Die verschiedenen Milchbestandteile reagieren z. B. auf Hitze sehr unterschiedlich: Das Milcheiweiß kann man in das schwer lösliche und hitzestabile Kasein und das leicht lösliche und hitzeempfindliche Molkeneiweiß (Albumine und Globuline) einteilen. So zerfällt das alpha-Lactalbumin bei Hitze. Der Genuss von abgekochter Milch muss aus diesem Grund bei einer alpha-Lactalbumin-Sensibilisierung keine Symptome hervorrufen. Vorausgesetzt, Sie sind wirklich nur gegen alpha-Lactalbumin und nicht auch gegen andere Milchbestandteile allergisch.

### WISSEN

#### Medikamentöse Behandlung von Allergien

Bei allergischen Symptomen kann es notwendig sein, Medikamente einzunehmen. Hier gibt es verschiedene Möglichkeiten:

- Antihistaminika: Medikamente, die die allergische Reaktion stoppen. Sie lindern auch den Juckreiz oder sorgen dafür, dass eine Nesselsucht (das ist ein Hautausschlag, der Fachmann nennt es Urticaria) wieder abklingt.
- Cortison: in Form von Tropfen, Zäpfchen oder Tabletten, wenn die allergischen Reaktionen zu stark werden.
- Asthmasprays: bei akuter Atemnot. Sie sollen die Bronchien, die sich bei einem Asthmaanfall verkrampfen, wieder entspannen und erweitern.
- Adrenalin: wenn die betroffene Person einen anaphylaktischen Schock (allergischen Schock) erleidet. Hier muss schnell gehandelt werden. Menschen, die unter einer starken Allergie leiden, sollten immer eine Notfallspritze mit sich führen.

Ferner sollten Allergiker generell immer einen Notfallpass bei sich tragen. Denken Sie auch daran, stets Ihre Medikamente mitzunehmen. Falls Ihr Kind eine Allergie hat, deponieren Sie die Medikamente im Kindergarten oder in der Schule.

Ein wichtiger Baustein der Milch ist das Kasein. Wenn Sie gegen Kasein allergisch sind, werden Sie auch Probleme mit Ziegenmilch und jeder anderen Tiermilch bekommen. Kasein ist nicht tierartspezifisch. Wenn bei Ihnen also eine Allergie gegen Kasein vorliegt, müssen Sie alle Milcharten meiden. Sind Sie gegen Molkeneiweiß allergisch, werden Sie auf Trinkmilch, Buttermilch, Sauermilch, Joghurt und Kefir reagieren. Quark oder Käse enthalten hingegen fast nur Kasein. Bei der Käseherstellung wird das Kasein zum Gerinnen gebracht, das Molkeneiweiß verbleibt in der Molke und wird abgetrennt. Liegt das Problem beim Molkeneiweiß, ist die Allergie auf Kuhmilch begrenzt. Sie haben die Möglichkeit, auf Ziegen-, Schaf- oder Stutenmilch auszuweichen.

Welcher Baustein Ihnen Probleme bereitet, kann in einem Allergietest (nicht im Pricktest oder einem Hauttest) festgestellt werden. Hierzu muss Blut aus der Vene entnommen werden, welches dann im Labor untersucht wird. Vielleicht haben Sie auch keine Milchallergie, sondern eine Laktoseintoleranz (siehe Seite 11)?

### Besonders kalziumhaltige Nahrungsmittel

| Nahrungsmittel | mg/100 g |
|---|---|
| Basilikum | 2070 |
| Brunnenkresse | 151 |
| Estragon | 1300 |
| Feigen | 190 |
| Grünkohl | 212 |
| Grüne Bohnen | 197 |
| Haselnüsse | 225 |
| Kakaopulver | 115 |
| Lauch | 120 |
| Leinsamen | 198 |
| Mandeln | 250 |
| Petersilie | 245 |
| Salbei | 1770 |
| Sesam | 783 |
| Sojabohnen | 255 |
| Sonnenblumenkerne | 360 |
| Spinat | 125 |
| Vollkornbrot | 63 |

### Mineralwasser mit hohem Kalziumgehalt

| Mineralwasser | mg/l |
|---|---|
| Steinsieker Mineralwasser | 620 |
| St. Margareten | 607 |
| St. Anna Heilwasser | 598 |
| Imnauer Apollo | 581 |
| Rietenauer Heilwasser | 557 |
| Residenz Quelle | 556 |
| Rietenauer Dillenius Quelle | 533 |
| Förstina Sprudel | 505 |
| Bad Niedernauer Römerquelle | 397 |
| Gerolsteiner Sprudel | 348 |
| St. Gero Heilwasser | 331 |
| Mühringer | 330 |
| Franken Brunnen Medium | 274 |

## Kalziummangel: Vorsicht bei strenger Diät

Sie sollten auf keinen Fall absolut auf Milch und Milchprodukte verzichten, ohne einen aussagekräftigen Allergietest gemacht zu haben. Erst wenn ein Test Ihnen eine Allergie bestätigt und der Arzt es für notwendig hält, dass Sie auf dieses Allergen verzichten müssen, sollten Sie auch so konsequent sein. Bitte beachten Sie auch, dass Sie nun Ihren Kalziumbedarf anders decken müssen. Zwar gibt es Lebensmittel, die viel Kalzium enthalten, aber Sie könnten niemals die Mengen dieser Nahrungsmittel zu sich nehmen, um Ihren Kalziumbedarf ausreichend zu decken. Kalzium ist sehr wichtig für die Knochen – einen besonders hohen Bedarf haben Kinder und Schwangere. Aber auch Erwachsene riskieren ohne eine entsprechende Zufuhr einen Knochenschwund.

Deshalb: Sprechen Sie mit Ihrem Arzt und lassen Sie sich Kalziumtabletten verschreiben. Diese Tabletten bekommen Sie auf Rezept, wenn Sie eine nachgewiesene Allergie haben, sonst müsste man sie selbst zahlen. Sesamkörner und Produkte aus gemahlenem

Sesam enthalten viel Kalzium. Sinnvoll ist es auch, ein Mineralwasser zu trinken, das viel Kalzium enthält. Wählen Sie ein Wasser mit über 300 mg Kalzium, so können Sie sich schon beim Trinken etwas Gutes tun, und greifen Sie verstärkt auf Lebensmittel aus der Tabelle auf der gegenüberliegenden Seite zurück.

### Milchallergie – die Ernährung von Babys

Im Kleinkindalter sind Allergien gegen Milch und Ei sehr häufig. Bei der Ernährung von Babys können Sie nicht einfach auf Soja- oder Reisdrinkprodukte zurückgreifen. Beide Drinksorten enthalten viel zu wenig Nährstoffe, um das Kind ausreichend zu versorgen. Für die Ernährung von Säuglingen gilt generell zuerst: stillen, wenn möglich und erwünscht. Falls Ihr Kind an einer Milchallergie leidet, was durchaus passiert, ohne dass Ihr Kind jemals eine Kuh gesehen oder Kuhmilch selbst zu sich genommen hat, dann müssen Sie, als stillende Mutter, eine kuhmilchfreie Diät einhalten. Sie sollten auf Milch in jeder Form verzichten, solange Sie noch stillen. Studien haben gezeigt, dass so starke Allergene wie das Milcheiweiß kaum aufgespalten über die Muttermilch an das Kind weitergegeben werden.

Wenn Sie nicht stillen wollen, können oder dürfen und eine Kuhmilchallergie bei Ihrem Kind diagnostiziert wurde, bieten sich spezielle Babynahrungen an. So gibt es Produkte wie Milupa Som

oder Humana SL, die auf Sojabasis hergestellt werden. Weitere Produkte wie Pregumin (Med Johnson) enthalten auch kein Soja. Die hochhydrolysierten Nahrungen wie Pregumin sind teilweise gewöhnungsbedürftig, weil sie sehr bitter schmecken. Immer wieder gibt es »Experten« oder selbsternannte »Ernährungsspezialisten«, die vor einer Sojaallergie warnen, wenn das Kind mit Soja statt mit Kuhmilch ernährt wird. Meine Erfahrung hat mir in immerhin 20 Jahren gezeigt, dass ich massenweise Kinder mit Kuhmilchallergie kenne, aber die Zahl der Kinder, die an einer Sojaallergie leiden, an einer Hand abzählen kann.

Wenn Sie nur vorbeugend tätig sein wollen, weil es in Ihrer Familie allergische Erkrankungen gibt, dann empfehlen Ärzte immer eine HA-Nahrung (Hypoallergene Nahrung). Bei dieser Babynahrung wird das Milcheiweiß in so kleine Stücke gespalten, dass der Körper es nicht als Milcheiweiß erkennt und wie bereits vorverdaut aufnimmt. Allerdings darf die HA-Nahrung nicht gegeben werden, wenn Ihr Kind an einer nachgewiesenen Kuhmilchallergie leidet.

## Milchunverträglichkeit: Allergie oder Laktoseintoleranz?

Sie leiden nach dem Essen von Milchprodukten unter Bauchschmerzen, Krämpfen und Durchfall – manchmal sogar an Übelkeit und Erbrechen? Kommt Ihnen das bekannt vor? Bei solchen Reaktionen denken die meisten Menschen an eine Allergie, aber die wenigsten an eine Intoleranzreaktion, also eine Unverträglichkeit. Allerdings hat man festgestellt, dass Japaner, Thailänder und Afrikaner keine Milch vertragen, obwohl sie nicht unter einer Allergie gegen Milch leiden. Dahinter steckt ein biologisches oder besser gesagt ein genetisches Problem: Milch enthält Milchzucker, auch Laktose genannt. Im menschlichen Darm hat das Enzym Laktase die Funktion, die Laktose zu spalten. Von Geburt an verfügt jeder Mensch über Laktase im Darm, damit er die Muttermilch verträgt. Im Laufe des Lebens können Menschen aber die Fähigkeit verlieren, Laktase im Darm zu bilden.

Der Laktasemangel unter Erwachsenen ist bei den Völkern unterschiedlich ausgeprägt. So können ca. 3 % der Schweden keine Laktase mehr bilden, 17 % der Schweizer, 42 % der Franzosen und nahezu kein Japaner, Thailänder oder Afrikaner. In Deutschland leidet etwa jeder Siebte unter einer Laktoseintoleranz, so die Fachbezeichnung für diese Erkrankung. Der Laktasemangel ist auch nicht bei allen Menschen gleich stark ausgeprägt. So bekommt manch einer schon nach einem halben Glas Milch Probleme, während ein anderer erst nach einem Liter Milch Beschwerden verspürt. Einige reagieren hingegen schon auf Spuren von Laktose mit Krämpfen und Durchfällen.

### Diagnose: Laktoseintoleranz

Bei einem Facharzt oder in einer Klinik mit Spezialisierung auf Stoffwechselerkrankungen sind Sie an der richtigen Adresse. In der Regel wird Ihnen zuerst Blut abgenommen und der Laktosegehalt ermittelt. Dann nehmen Sie eine Portion Laktose zu sich und nach einer gewissen Zeit wird wieder Blut abgenommen. Aufgrund des Laktosegehaltes im Blut kann man auf eine Laktoseintoleranz schließen. Es gibt auch einen recht zuverlässigen Atemtest, der heute oft zum Einsatz kommt.

Wichtig: Ähnliche körperliche Symptome wie bei der Laktoseintoleranz können auch bei Erkrankungen wie Zöliakie und Fruktoseintoleranz auftreten. Bei einer Laktoseintoleranz müssen Sie nicht auf Milcheiweiß verzichten, sondern Sie sollten, je nach Stärke der Beschwerden, weniger Milchzucker zu sich nehmen oder diesen ganz meiden. Milchzucker findet sich sogar in Gummibärchen und Fertiggerichten. Milchzucker ist Bestandteil zahlreicher Pillen und Tabletten, auch von homöopathischen Globuli. Für Personen mit einer schweren Laktoseintoleranz können auch schon diese sehr geringen Spuren von Laktose zu Problemen führen.

Wenn Sie nicht unter einer zu stark ausgeprägten Laktoseintoleranz leiden, können Sie Ihrem Körper die fehlende Laktase zuführen, z. B. über Produkte wie »Lactrase« oder »Laktose Plus«. So ist es bei richtiger Dosierung für Sie durchaus möglich, auch einmal Käse zu essen oder Sahnetorte zu genießen. »Lactrase« erhalten Sie in Apotheken, »Laktose Plus« von der Firma Natura im Reformhaus und in verschiedenen Naturkostläden.

## Ei-Allergie: Achtung Ei(weiß)?

Auf Eier zu verzichten bedeutet nicht unbedingt, einen Mangel zu erleiden. Sicher, es ist schwerer, ohne Ei zu backen, aber doch im Bereich des Möglichen. Eier verstecken sich in Zutatenlisten hinter Begriffen wie z. B.

- Protein
- Fremdprotein
- Stabilisator
- Emulgator
- Lecithin
- Ovo …

Aber Achtung: Eiweiß ist nicht gleich Eiweiß. Fast täglich bekomme ich von verunsicherten Allergikern zu hören: »Die Nudeln kann ich aber nicht essen, da ist Eiweiß drin« oder »Wie kommt das Eiweiß in den Saft?«. Wenn Sie auf einer Packung Folgendes lesen

- Brennwert 1360 kJ (320 kcal)
- Eiweiß 5,9 g
- Kohlenhydrate 72,5 g
- Fett 0,1 g

haben Sie die Nährwerttabelle von Gummibärchen vor sich. Gummibärchen enthalten auf keinen Fall Eiweiß im Sinne von Milch- oder Ei-Eiweiß. Proteine, also Eiweiße, sind komplexe Nährstoffe, die im Gegensatz zu Fett und Kohlenhydraten keine wichtige Energiequelle für den Menschen darstellen, sondern als Bausteine für den Aufbau körpereigener Proteine dienen. Proteine sind in pflanzlichen und tierischen Lebensmitteln enthalten und für den Menschen unersetzbare Nahrungsbestandteile. Wenn Sie auf das Eiweiß achten wollen, das Allergien auslöst, dann sollten Sie nicht in der Nährwerttabelle, sondern in der Zutatenliste nachschauen. Übrigens: Bohnen haben sehr viel Eiweiß (Protein), enthalten aber weder Milch noch Ei. Problem erkannt?

Übrigens – Lecithin kann sowohl aus Soja als auch aus Hühnerei hergestellt werden. Es ist aber derart stark verarbeitet, dass der Körper es nicht mehr als Soja oder Ei erkennen kann. Selbst Menschen mit einer lebensbedrohlichen Allergie haben in der Regel mit Lecithin keine Probleme.

### Austauschliste für Allergiker

| Zu ersetzendes Lebensmittel | Ersatz |
|---|---|
| Tiermilch | Soja-, Reis-, Mandel-, Kokos-, Sesam-, Linsen- oder Dinkeldrinks (siehe auch Seite 18) |
| Sahne, Rahm | vegane Sahne oder Soja-Sahneersatz (Soja Dream, Soja Cream), Soja- oder Reisdrinks, Sojafrischcreme |
| Butter | milchfreie Margarine |
| Eier im Kuchen | Sojamehl, Bindobin, Nestargel, Eiersatz (ausführliche Liste auf Seite 22) |
| Käse | veganer bzw. vegetarischer Käse aus Soja |
| Joghurt | Soja-Joghurtalternative (Sojasun usw.) |
| Mayonnaise | Tofunaise oder Soja-Mayonnaiseersatz |

Die meisten Produkte erhalten Sie im Reformhaus, im Bioladen oder im Versandhandel für Naturkost (siehe auch Liste vordere Umschlagklappe).

## Richtig einkaufen: Die Zutatenliste als Wegweiser

Wissen, was Sie essen dürfen und wovon Sie lieber die Finger lassen – das ist das A und O bei einer Lebensmittelallergie. Welche Lebensmittel Sie meiden müssen, wissen Sie seit der Diagnose durch den Arzt. Aber damit ist ja noch lange nicht gesagt, was Sie essen dürfen.

Im Alltag werden Sie sehr schnell feststellen, dass Lesen zu einer Ihrer Lieblingsbeschäftigungen wird. Da kann, gerade am Anfang einer Allergikerkarriere, ein Einkauf ein oder zwei Stunden dauern. Bis Sie alle Zutatenlisten gelesen haben und bis Sie wissen, was sich hinter Süßmolkenpulver oder Laktose verbirgt. Wenn Sie auf Nummer sicher gehen wollen, bleibt Ihnen nur das Reformhaus. Dort herrscht für alle Produkte eine Volldeklarationspflicht, d. h.: Alle Zutaten müssen in der Zutatenliste aufgeführt werden.

### Neue Deklarationspflicht

Seit November 2004 gelten neue Bestimmungen für die Lebensmittelkennzeichnung. Die Hersteller sind dazu verpflichtet, in der Zutatenliste Bestandteile anzugeben, die Allergien und bestimmte Unverträglichkeiten auslösen können. Hierzu zählen Eier, Milch, Soja, glutenhaltiges Getreide, Erdnüsse, verschiedene Nussarten, Krebstiere, Fisch, Sellerie, Senf, Sesamsamen und Schwefeldioxid. Es reicht nicht mehr, darauf hinzuweisen, dass ein Bestandteil enthalten sein könnte (»kann Lebensmittel XY enthalten«). Es müssen alle Zutaten angegeben werden, die bei der Herstellung verwendet und zugesetzt wurden. Außerdem soll es in der Zutatenliste nicht »Quark« oder »Dickmilch« heißen, sondern »Milchbestandteile«, nicht bloß »Paniermehl«, sondern »Weizenpaniermehl«. Und wer gegen Soja oder Erdnüsse allergisch ist, muss dementsprechend auch wissen, ob Erdnuss- oder Sojaöl enthalten ist. Ihm nützte der bislang gebrauchte Klassenname »pflanzliches Öl« gar nichts – die neue Kennzeichnung hingegen schafft es, die Deklaration für den Allergiker transparenter zu gestalten.

# Ihr Ernährungsfahrplan

| Lebensmittelgruppe | Milch- und eifrei | Könnte Milch oder Ei enthalten | Immer milch- oder eihaltig |
|---|---|---|---|
| GETRÄNKE  | Wasser, viele Saftgetränke, Hafer- oder Reisdrinks, Bier, Kaffee, Tee | Fruchtsäfte mit Zusätzen, Fitnessgetränke, Cocktails, Pulver für lösliche Getränke (Cappuccino usw.), Rotwein, Liköre, Smoothies | fertige Kakaogetränke, Milchmixgetränke, Ovomaltine, Fitnesspowerdrinks (Eiweißdrinks im Fitnessstudio) |
| OBST UND GEMÜSE  | Jede Sorte Obst und Gemüse | | |
| GETREIDE  | Mais, Reis, Hirse, eifreie Nudeln, Glasnudeln | Cerealien (Cornflakes), Fertigmüsli, Nudeln mit Ei, Lasagneplatten | Spätzle |
| KUCHEN  | abgepackte Backwaren mit Zutatenliste<br>Blätterteig mit pflanzlichem Fett<br>Hefeteig, Pizzateig | Wasserwecken, Hefeteig, Brot, Brötchen, Toast | Blätterteig mit Butter, Biskuitteig |

| Lebensmittelgruppe | Milch- und eifrei | Könnte Milch oder Ei enthalten | Immer milch- oder eihaltig |
|---|---|---|---|
| KARTOFFELN  | Kartoffeln, Wedges Potatoes (TK-Produkt von Lidl), Pommes, Knödelpulver, Gnocchi | Von fertigen Kartoffelzubereitungen wie Pommes nur sehr wenige Sorten aus dem TK-Bereich, Kartoffelpüree, Kartoffelpuffer, Knödel im Kochbeutel, Kartoffelchips, Flips | Kroketten, Herzoginkartoffeln |
| FLEISCH  | alle Fleischsorten unzubereitet, gekochter Schinken, roher Schinken | Wurst, Würstchen, Leberwurst, Kalbsleberwurst, Leberkäse | Leberkäse mit Käse |
| STREICHFETT  | rein pflanzliche Margarine, Marmelade, Honig, Erdnussbutter, spezielle Brotaufstriche | Margarine, Leberwurst | Butter, Nutella, Schokoaufstriche |
| SÜßWAREN  | Marmelade, Honig, Schokostreusel zartbitter, reines Kakaopulver, Wackelpudding | Puddingpulver | Nutella, Schokoaufstriche, Schokostreusel Vollmilch |

Was sich noch geändert hat: Bislang wurden zusammengesetzte Zutaten wie Schokolade oder Konfitüre nicht weiter aufgeschlüsselt, wenn ihr Anteil weniger als 25% an dem gesamten Produkt betrug. Nun müssen die Hersteller alle zusammengesetzten Lebensmittel (z. B. Teilchen mit Erdbeerkonfitürenfüllung) nach ihren Einzelbestandteilen aufschlüsseln. Es finden sich jetzt auf der Zutatenliste eines Rührkuchens mit Schokostückchen alle Bestandteile der Schokolade (Kakao, Zucker, Kakaobutter etc.), was für einen Allergiker immens wichtig sein kann. Hier sieht er schwarz auf weiß, ob Nüsse oder Milchpulver enthalten sind.

**Nachhaken lohnt sich.** Die Krux aber besteht darin, dass so mancher Hersteller verunsichert ist und vorsorglich auf der Zutatenliste vermerkt, dass Lebensmittel X »Spuren von Y enthalten kann«. Dabei gilt die Regelung, dass wirklich jede Zutat aufgeführt sein muss, nicht für Rohwaren, die möglicherweise mit anderen allergieauslösenden Lebensmitteln in Berührung gekommen sind. Ebenso wenig gilt sie für die Lebensmittel, die vielleicht kontaminiert sein können, nur weil sie in derselben Produktionslinie hergestellt wurden.

**Beispiel:** Plötzlich steht auf der Zutatenliste von Geflügelwürstchen, die immer milchfrei waren, »Milcheiweiß«. Ein Anruf bei der Firma bringt zutage, dass sich das Unternehmen dazu entschlossen hat, »einfach überall Milcheiweiß zu deklarieren, weil uns das sicherer ist«. Die Rezeptur allerdings veränderten sie nicht. Die Wurst enthält nach wie vor kein Milcheiweiß, aber die Hersteller fürchten die gesetzliche Produkthaftung. Nachhaken lohnt sich! Hersteller von Schokoladenprodukten und Lebkuchen geben hingegen keine Garantie für das Nichtvorhandensein von Restbeständen. Dies ist auch vernünftig, da sich produktionsbedingt ein Kontakt nicht ausschließen lässt. Bei Produkten aus dem Reformhaus bekommen Sie von allen Herstellern eine entsprechende Garantie.

**Tipp:** Im Supermarkt schreibe ich von allen Produkten, die evtl. infrage kommen, die Anschrift des Herstellers auf. Dann bitte ich die Firma, unter Erwähnung der lebensbedrohlichen Allergien, mir mitzuteilen, welche ihrer Produkte absolut frei von Milch und Ei in jeder Form sind. Ich habe in den letzten Jahren dadurch eine große Anzahl von Produkten gefunden, die mein Sohn essen durfte, von denen ich es aber nicht erwartet hätte. Manche Firmen schicken jedes Jahr eine neue Liste. Sogar McDonald's hat mir eine Liste zugesandt: Hamburger, Pommes Frites, süß-saure Soße und der McRib sind sowohl milch- als auch eifrei.

## Bei Metzger und Bäcker

Bäckereien und Metzgereien sind nicht dazu verpflichtet, die Inhaltsstoffe von Brot oder Wurst anzugeben. Dies stellt sich leider häufig als eine Falle heraus. Wie oft habe ich gefragt, ob in dieser Wurst oder in diesem Brötchen Milch oder Ei enthalten sind. Und wie oft konnte mir keiner etwas dazu sagen. Heute weiß ich,

- dass es auch Wasserwecken gibt, in denen Milch enthalten ist,
- dass Laugenbrötchen bei einem Bäcker kein, beim anderen aber Ei enthalten,
- dass Kalbsleberwurst oft Sahne enthält,
- dass sich hinter Natursauerteig oft auch Zutaten wie Buttermilch und Dickmilch verstecken,
- dass Brote oft mit Ei bepinselt werden, damit sie schön glänzen,
- dass es Babytees gibt, die Milcheiweiß enthalten,
- dass Lebkuchen aus Resten von alten Lebkuchen hergestellt werden (was so auch normal ist), aber diese Lebkuchen auch mit Vollmilchschokolade bezogen gewesen sein können.

## Wie kommt das Ei bloß in den Wein?

Leider wird Ei manchmal auch bei der Verarbeitung von Nahrungsmitteln genutzt und nicht deklariert. So kann es vorkommen, dass Sie einen Rotwein nicht vertragen, weil Winzer ihren Wein mit Hühnerei-Eiweiß klären. Rückstände sind da nicht zu vermeiden. Schuld daran trägt eine Ausnahmeregelung, die bestimmt, dass Stoffe, die durch die Verarbeitung oder den Herstellungsprozess ihr allergenes Potenzial verlieren, nicht gekennzeichnet werden müssen. Diese Ausnahmen sind zwar bis November 2007 zeitlich begrenzt, setzen sich aber auf Dauer durch, wenn keine Studien vorgelegt werden, die das allergische Potenzial beweisen. Zu den Ausnahmeregelungen zählen:

- aus Ei gewonnenes Lysozym, das in Wein Verwendung findet
- aus Ei gewonnenes Albumin, das als Klärhilfsmittel in Wein und Apfelwein verwendet wird
- Molke, die in Destillaten für Spirituosen verwendet wird
- Laktit (Zuckeraustauschstoff auf der Basis von Laktose)
- Milch-Kasein-Erzeugnisse, die als Klärhilfsmittel in Apfelwein und Wein verwendet werden

### Der Milch aus dem Weg gehen

Wenn Sie nun völlig auf Milcheiweiß verzichten müssen, wird Ihnen die Umstellung anfangs vielleicht schwerfallen, besonders das Backen. Meist fängt das Problem schon beim Einkaufen an, weil zahlreiche Produkte Milcheiweiß enthalten. So enthält nicht nur Margarine oft Süßmolkenpulver, sondern auch Orangensaft wird neuerdings mit Milcheiweiß angereichert.

Bei einer Milchallergie sollten Sie wissen, dass folgende Bezeichnungen auch für Milcheiweiß stehen:

- Süßmolkenpulver
- Molke
- Kasein
- Käse
- Sauerrahm
- Buttermilch
- Sahne

Hingegen enthält Milchzucker (Laktose) kein Milcheiweiß, ist aber für Personen mit einer Laktoseintoleranz dennoch leider ein Problem. Allerdings haben Milchsäurekulturen, die in Gummisüßwaren oder auch im Sojajoghurt vorkommen, mit dem Milcheiweiß nichts mehr gemein.

## Strategien für kleine oder große Alltagshürden

Welche Lebensmittel Sie bei einer Milch- oder Eiallergie meiden müssen und bei welchen Sie unbesorgt zugreifen können, darüber haben Sie sich bereits orientiert. Doch wie klappt es mit der praktischen Umsetzung im Alltag? Am sichersten können Sie allergieauslösende Lebensmittel meiden, wenn Sie alle Speisen selbst aus Grundzutaten herstellen. Doch wer kann das schon immer? Wie Sie außerhalb der eigenen Küche am besten mit Ihrer Allergie umgehen, lesen Sie hier.

### Essen unterwegs

Für Milch- und Eiallergiker ist das Thema »Essen unterwegs« besonders schwierig. Kein Restaurant, keine Raststätte, die genau wüssten, was in den Speisen wirklich enthalten ist. Und mal schnell ein Stückchen beim Bäcker kaufen, das geht auch nicht. Bei McDonald's können Sie Hamburger, Pommes und dazu die süß-saure Soße bestellen. Im Maredo oder einem anderen Steakhaus hat sich die Bestellung von gegrilltem Fleisch mit Salat oder Pommes bewährt. Im Sushilokal kommen alle Sushisorten infrage, die nicht mit Frischkäse oder Ei gefüllt sind. Besonders lecker sind Sushis mit Lachs. Im griechischen Lokal kann man Souflakispieße bestellen, die nur gegrillt werden. Sagen Sie dem Koch immer Bescheid, warum Sie diesen Sonderwunsch haben. Hält man Sie für einen Exzentriker, so wird man Sie nicht so ernst nehmen, wie wenn Sie sagen, dass Sie unter einer Allergie leiden. Kein gutes Lokal hat gerne den Notarztwagen vor der Tür stehen.

Zum Mitnehmen auf langen Autofahrten oder Bahnfahrten sind Obst, belegte Brote und abgepackte Snacks wie Müsliriegel ganz sinnvoll. Im Flugzeug können Sie sich, trotz Sonderbestellung, nicht darauf verlassen, dass Sie das Essen auch vertragen. Auch hier haben sich Müsliriegel in der Not bewährt.

## INFO

### Besondere Lebensmittel

### Kuhmilchersatzgetränke

**Sojadrink**
Ein Sojadrink wird aus gemahlenen hellen Sojabohnen und Wasser hergestellt und oftmals mit Kalzium angereichert. Er schmeckt angenehm mild und man kann ihn inzwischen in allen Supermärkten oder Bioläden kaufen. Von Aldi bis Metro ist der Sojadrink in unterschiedlichen Geschmacksrichtungen von Neutral über Schoko, Vanille, Banane bis hin zu Macchiato zu finden – testen Sie, was Ihnen am besten schmeckt, die Auswahl ist groß. Ein Sojadrink lässt sich in der Küche gut als Ersatz für Milch verwenden. Er ist im Pudding ebenso hilfreich wie bei der Zubereitung von Kartoffelpüree. Der Sojadrink hat sich in der Kochpraxis am besten als Ersatz für Milch bewährt.

**Haferdrink**
Der Haferdrink wird aus Hafer hergestellt. Auch ihn bekommt man schon in zahlreichen Supermärkten zu kaufen. Er ist in der Regel etwas teurer als Sojadrinks. Haferdrinks machen sich sehr gut in Müslis.

**Reisdrink**
Reisdrinks werden aus Reis hergestellt. Es gibt sie, wie auch den Haferdrink, in verschiedenen Geschmacksrichtungen. Sie sind meist in Naturkostläden und Reformhäusern zu kaufen.

**Mandeldrink**
Eine weitere Alternative zu Kuhmilch ist der Mandeldrink. So können Sie diesen ganz einfach selbst herstellen: 100 g gemahlene Mandeln mit 200 ml Wasser vermischen und für etwa 2 Stunden in den Kühlschrank stellen. Zwischendurch ab und zu umrühren. Die Masse durch ein feines Baumwolltuch gießen.

**Linsendrink**
Auch aus Linsen kann man ein milchähnliches Getränk herstellen: 100 g gemahlene Linsen mit 200 ml Wasser vermischen und für etwa 2 Stunden in den Kühlschrank stellen. Zwischendurch ab und zu umrühren. Die Masse durch ein feines Baumwolltuch gießen.

**Sesamdrink**
Selbst gemachter Sesamdrink ist ein sehr kalziumhaltiger Ersatz für Kuhmilch: 100 g fein gemahlenen Sesam mit 200 ml Wasser vermischen und für etwa 2 Stunden in den Kühlschrank stellen. Zwischendurch ab und zu umrühren. Die Masse durch ein feines Baumwolltuch gießen.

**Kokosmilch**
100 g Kokosflocken in 500 ml Wasser rühren und 2 bis 4 Stunden quellen lassen. Nach der Quellphase die Masse unter Rühren zum Kochen bringen, vom Herd nehmen und abkühlen lassen, dann durch feines Baumwolltuch gießen.

**Getreidedrinks**
200 g grob gemahlenes Vollkornmehl (Dinkel, Weizen, Gerste etc.) mit 1,5 l Wasser vermischen und über Nacht quellen lassen. Masse durch ein feines Baumwolltuch gießen und die Getreidemilch zum Kochen bringen. Mit einer Prise Salz abschmecken. Getreidedrink im kalten Wasserbad rasch abkühlen.

*Tipp*

**Alle selbst hergestellten Ersatzmilcharten für Kuhmilch sind roh. Bewahren Sie sie deshalb immer im Kühlschrank auf. Dort hält sich die Milch 1 bis 2 Tage.**

## INFO

### Sojaprodukte

Wegen ihres hochwertigen Eiweißes, der guten Fettsäuren und der wertvollen sekundären Pflanzenstoffe gelten die Sojabohne und daraus hergestellten Produkte als gesundheitlich wertvolle Lebensmittel.

**Soja-Joghurtalternative und Sojapudding**

Aus Sojadrinks werden auch Joghurtalternativen und Pudding hergestellt. Soja-Joghurtalternative schmeckt absolut wie »normaler« Joghurt, ist aber teurer. Soja-Joghurtalternative ist in verschiedenen Geschmacksrichtungen im Supermarkt erhältlich. Fertige Puddings aus Sojadrinks, in verschiedenen Geschmacksrichtungen, gibt es ebenfalls in allen großen Supermarktketten zu kaufen.

**Tofu/Seidentofu**

Tofu wird ähnlich wie Quark hergestellt. Sojadrink wird gesäuert und so zum Gerinnen gebracht. Der feste Anteil wird dabei aufgefangen und gepresst. Tofu hat einen sehr schwachen Eigengeschmack und wird daher mariniert. Es gibt ihn auch schon fertig gewürzt oder geräuchert zu kaufen. Seidentofu enthält mehr Flüssigkeit und ist deswegen so cremig und fein wie ein Pudding. Traditionell stellt man in Asien Suppen aus ihm her. Man kann aber sogar Käsekuchen oder Eis aus Seidentofu zubereiten.

**Soja Dream/Soja Cuisine**

Hierbei handelt es sich um cremige Sojamassen, die gut für Soßen oder cremige Zubereitungen verwendet werden können, also um eine Art »Sahneersatz«. Die Masse kann aber nicht wie Sahne aufgeschlagen werden. Sie bleibt flüssig.

**Soja-Käsealternativen**

Es gibt zahlreiche Soja-Käsealternativen. Reine Geschmackssache, welche Sorten man aus der Produktvielfalt wählt.

**Parmesankäse-Ersatz**

Dieser vegane Ersatz für Parmesankäse schmeckt lecker zu allen Nudelgerichten, zu Béchamelsoße, zu Kartoffeln oder immer wenn ein Käsegeschmack gewünscht ist. Ideal geeignet ist er auch für Risotto oder vegane Pizzaspezialitäten. Parmazano ist vegan, glutenfrei, hefefrei, laktosefrei, gentechnikfrei und wird in einer nussfreien Umgebung hergestellt. Inhaltsstoffe: Soja, Palmöl, Salz, Aroma, Vitamin E.

### Pflanzlicher Sahneersatz aus Reis

Soyatoo! Rice Whip Spray Creme aus Bio-Zutaten kann wie Schlagsahne verwendet werden und schmeckt auch so. Der Sahneersatz aus Reis ist laktosefrei und cholesterinfrei und enthält nur 11 % Fett. Für diejenigen, denen das Selbstaufschlagen zu anstrengend ist oder die es einfach nicht glauben wollen, kommt Soyatoo! Sprühcreme fix und fertig aus der Sprühdose. Verwenden Sie die Sprühcreme wie klassische Schlagsahne zu Kuchen, Desserts oder Früchten, für Cappuccino und Kakaogetränke. Die Rezeptur ist vegan. Inhaltsstoffe: Wasser, Reissirup, Reisstärke, Reismehl, Kokosfett (kbA), Weinsäure, Seetangextrakt, Gummi arabicum, Meersalz, Distickstoffmonoxid, Maltodextrin.

## INFO

### Eiersatzprodukte

**Bindobin und Nestargel**
Beim Kochen und Backen können Sie Eier gut durch pflanzliches Bindemittel aus Johannisbrotkernmehl ersetzen. »Bindobin« von Tartex oder »Nestargel« von Nestlé sind solche rein pflanzlichen Ei-Alternativen. Erhältlich sind sie im Reformhaus bzw. in der Apotheke. Pflanzliche Bindemittel können anstelle von Mehl, Eigelb oder Stärke verwendet werden. Besonders beim Backen braucht man sie zum Binden (s. auch Seite 22). Außerdem eignen sie sich gut zum Binden von Soßen.

**Ei-Ersatz aus Sojamehl**
Das Produkt mit dem Namen »Ei-Ersatz« besteht aus Sojamehl. Sie können allerdings auch normales vollfettes Sojamehl verwenden, um Eier zu ersetzen. Ei-Ersatz oder Sojamehl eignen sich als Zutat für Brot und Gebäck, um die Backeigenschaften zu verbessern, und zum Binden von Suppen und Soßen.

**Eifreie Mayonnaise**
Eine eifreie Mayonnaise wird von der Firma Biovita angeboten. Sie ist frisch, locker und leicht im Geschmack. Eifreie Mayonnaise besteht zu 50 % aus Sonnenblumenöl. Sie eignet sich hervorragend zu Salaten, Gemüsesticks, Fisch, gegrilltem Fleisch, Fondue oder als Alternative zu Butter oder Margarine auf Brot. Die Zutaten stammen aus kontrolliert ökologischem Landbau. Inhaltsstoffe: Sonnenblumenöl, Wasser, Rohrohrzucker, Branntweinessig, Senfsaat, Apfelessig, Meersalz, Erbsenprotein, Mais-Dextrose, Guarkernmehl, Curry, Sellerie.

**Remoulade ohne Ei**
Als Ersatz für Remoulade eignet sich Soße à la Remoulade von Biovita ohne Ei. Sie ist auf Basis von Sonnenblumenöl ohne Zusatz von Ei oder Milcheiweiß hergestellt und eignet sich ideal als Basis für Salatdressings, als Dip zu Gemüsesticks, als Beilage zu Fisch, Fleisch und Fondue oder einfach als frische Alternative zu Butter oder Margarine aufs Brot. Inhaltsstoffe: Sonnenblumenöl, Wasser, Gurken, Rohrohrzucker, Branntweinessig, Zwiebeln, Senf, Meersalz, pflanzliches Eiweiß, Mais-Dextrose, Curry, Guarkernmehl, Dill, Erbsenprotein.

**Dotterfrei**
»Dotterfrei« ist ein weiteres spezielles Produkt, das Sie anstelle von Eiern beim Kochen oder Backen verwenden können, wenn Sie gegen Eigelb allergisch sind. Es enthält noch Eiweiß, aber kein Eidotter.

## Im Kindergarten

Nicht gerade die beste Strategie ist, zu verschweigen, dass Ihr Kind an einer Allergie leidet. Manche Mütter möchten vielleicht nicht, dass ihr Kind durch seine Allergie heraussticht – dabei treten Komplikationen in der Regel erst dann auf, wenn die Erzieherinnen nicht Bescheid wissen. Informieren Sie den Kindergarten über die Allergien Ihres Kindes, händigen Sie eine Infomappe aus und deponieren Sie alle Notfallmedikamente vor Ort. Erzieherinnen sind heute oft sehr gut über Allergien informiert. Besprechen Sie Tagesabläufe so genau wie möglich:

- Was gibt es zu trinken? Nur Kakao und Milch? Wenn ja, bringen Sie für Ihr Kind einen Kasten Wasser mit.
- Was wird gegessen? Wild durcheinander – oder isst jedes Kind nur das, was es mitgebracht hat?
- Wie ist das Prozedere bei Geburtstagsfeiern? Bringen Mütter Kuchen mit? Wenn ja, besprechen Sie mit dem Team, dass man Sie ein bis zwei Tage vor einer Geburtstagsfeier informiert und Sie Ihrem Kind auch einen leckeren Kuchen mitgeben können.

Erwarten Sie niemals, dass andere Eltern etwas Spezielles für Ihr Kind zubereiten oder mitbringen. Wenn Ihr Kind etwas Süßes dabeihat (z. B. Marzipanhörnchen, Seite 119), dann geben Sie ihm ruhig mehr davon mit. Ihr Kind wird sehr stolz sein, wenn es etwas abgeben kann, und andere Kinder erfahren, dass es auch Leckeres ohne Milch und ohne Ei gibt. Bieten Sie an, mit den Kindern zu backen. Wie wäre es mit Kindertörtchen (Seite 112)?

## Kindergeburtstag: Schokolade gegen Flummi

Einladungen zum Kindergeburtstag sollte Ihr Kind nicht absagen müssen, weil es dort nichts essen darf. Es ist unkomplizierter als vermutet: Ich habe mich immer bei der Mutter des Geburtstagskindes erkundigt, was es zu essen geben wird. Dann habe ich etwas Ähnliches für meinen Sohn zubereitet und die Mutter instruiert, wie sie die Speisen erwärmen soll (eben nicht mit den anderen Speisen zusammen in einem Topf usw.). Es hat immer sehr gut geklappt. Meist bekommen die Kinder auf Geburtstagen Preise in Form von Süßigkeiten. Ich habe meinem Sohn zu Hause immer einen Deal vorgeschlagen: Ich habe den gewonnenen Schokoriegel gegen einen Flummi getauscht. Oder das Mars gegen einen kleinen Beutel Gummibärchen. Mein Sohn hatte an dem Handel immer seinen Spaß.

## Mit der Kühltasche auf Klassenfahrt

Sprechen Sie bereits einige Wochen vor der Fahrt mit der Jugendherberge: Kann dort jemand Diät kochen? Meist ist das leider nicht der Fall. Erfragen Sie, was es zu essen geben wird, denn häufig existiert schon ein fester Plan. Besprechen Sie mit den Lehrern folgende Lösung: Sie kochen alles frisch vor und geben die Mahlzeiten Ihrem Kind in einer Kühltasche mit. In der Herberge wird es sofort eingefroren und zu den Mahlzeiten immer in der Mikrowelle aufgewärmt. Sinnvoll ist es, wenn das Kind bei der Zubereitung seiner Speisen dabei ist, weil ihm das Sicherheit verschafft.

Ich habe zwei ganz unterschiedliche Erfahrungen gemacht. Einmal durfte mein Sohn bei der Klassenfahrt dabei sein: bewaffnet mit Kühltasche, einer Tasche voll Lebensmitteln und Brot für eine Woche, Kuchen, Keksen und einem Kasten Wasser. Ein anderes Mal durfte er nicht mitfahren, weil seinem Lehrer die Verantwortung zu groß war. Suchen Sie das Gespräch mit den Lehrkräften und bieten Sie Ihre Hilfe an.

# Richtig kochen bei Milch- und Eiallergie

## Eier beim Kochen und Backen ersetzen

Eier können Sie beim Kochen und Backen mit verschiedenen Alternativen leicht ersetzen. Es gibt speziell für den Ersatz von Eiern hergestellte Produkte, manchmal reichen aber auch ganz einfache Alternativen völlig aus.

## Ei-Ersatz/Sojamehl

»Ei-Ersatz« besteht aus Sojamehl. Ein Ei ersetzen Sie durch 2 Teelöffel Ei-Ersatz und 2 bis 3 Esslöffel Flüssigkeit. Ei-Ersatz und Flüssigkeit mit einem Handrührgerät aufschlagen und dann erst in die Speisen geben. Auch normales vollfettes Sojamehl kann Eier ersetzen. Es eignet sich als Zutat für Brot, Plätzchen und Kuchen, um die Backeigenschaften zu verbessern, und zum Binden von Suppen und Soßen. Verwendung: 1 Ei entspricht 1 Esslöffel vollfettem Sojamehl plus 3 bis 4 Esslöffel Flüssigkeit. Einfach in warme oder kalte Speisen einrühren.

## Dotterfrei

»Dotterfrei« enthält noch Eiweiß, aber kein Eidotter. Auch von diesem Produkt benötigt man 2 Teelöffel, um 1 Ei zu ersetzen. Schlagen Sie Dotterfrei mit 2 bis 3 Esslöffeln Flüssigkeit mit dem Handrührgerät auf und geben Sie es dann in die Speisen.

## Pflanzliche Bindemittel

»Bindobin« von Tartex oder »Nestargel« von Nestlé sind pflanzliche Bindemittel aus Johannisbrotkernmehl (E 410) und Kalziumlaktat (E 327), die anstelle von Mehl, Eigelb oder Stärkemehl verwendet werden können. Besonders beim Backen braucht man sie zum Binden. Sie können sie im Reformhaus bzw. in der Apotheke kaufen. Verwendung: 4 Eier = 160 ml Flüssigkeit plus 1 Messbecher Bindobin oder Nestargel. Beides kann einfach in warme oder kalte Speisen eingerührt werden. Kuchen werden damit wunderbar locker. Außerdem eignen sie sich gut zum Binden von Soßen.

## Kartoffeln

Geriebene rohe oder gekochte Kartoffeln werden esslöffelweise unter den Teig gemischt. Dadurch werden Backwaren lockerer und bleiben länger frisch.

*Tipp*

Ich persönlich bevorzuge Produkte wie Bindobin oder Nestargel. Sie sind schnell und einfach einzusetzen und haben keinen Eigengeschmack. Kuchen werden herrlich locker. Mit »Ei-Ersatz« wird Kuchen, meiner Erfahrung nach, meist klebrig und sieht auch nicht mehr so appetitlich aus.

## Suppen und Soßen andicken

Auch ohne klassische Zutaten wie Sahne und Mehlschwitze lassen sich leckere Soßen zaubern und Suppen cremig machen. Eine einfache Möglichkeit ist die Verwendung von pflanzlichen Bindemitteln auf der Basis von Johannisbrotkernmehl (siehe oben). Zum Andicken kann auch milchfreies Kartoffelpüreepulver verwendet werden: nach Bedarf etwas vom Kartoffelpüreepulver in Soßen oder Suppen einrühren. Auch geriebene Kartoffeln können Sie zum Binden von Suppen oder Soßen verwenden: Geriebene rohe oder gekochte Kartoffeln werden esslöffelweise in die Flüssigkeit gerührt. Hirse- oder Hefeflocken eignen sich zum Andicken besonders für deftige Gerichte. Sie werden je nach Bedarf in die Speisen eingerührt. Vorsicht, das Andicken dauert ein wenig. Immer nur eine kleine Menge hinzugeben.

## Wein und Brühe auf Vorrat

Da Sie nicht beliebig auf käuflich erworbene Würzmittel zurückgreifen können, bietet es sich an, Reste von Wein oder Brühe in Eiswürfelbehälter zu füllen und einzufrieren. So haben Sie immer einen kleinen Vorrat zum Verfeinern von Soßen. Man kann die Würfel einfach tiefgefroren in die Soße geben und damit den Geschmack verbessern.

## Kuchenbackorgien

Sie kennen das bestimmt auch: Wenn man ein Stück Kuchen oder Gebäck für einen Allergiker braucht, ist gerade nichts da. Ich veranstalte alle paar Wochen bei uns eine Kuchenbackorgie oder einen Großbacktag. Ich backe mehrere Bleche Apfelkuchen, schnell 40 Kindertörtchen und kleine Hefezöpfe. Alles wird dann so frisch wie möglich eingefroren. Bitte so einfrieren, dass Sie einzelne Teile entnehmen können – also Kuchen beispielsweise vorher in Stücke schneiden.

## Mein treuer Freund, die Tiefkühltruhe

Die Tiefkühltruhe ist der beste Freund des Nahrungsmittelallergikers, nicht nur wegen der Kuchenbackorgie, sondern auch weil man viele Produkte für Allergiker nicht immer und überall bekommt. Auch beim Kochen sollten Sie immer etwas mehr veranschlagen. Diese TK-Portionen können immer dann zum Einsatz kommen, wenn der Rest der Familie gerade Rührei, Käsefondue oder Sahnetorte essen will.

# Rezepte – reichhaltig kochen und backen

Sie werden schnell merken, dass es gar nicht so schwer ist, ohne Milch und Ei zu kochen und zu backen. Das Beste daran: Die Speisen schmecken der ganzen Familie, so fühlt sich kein Allergiker mehr krank.

# So gelingt die Umstellung

## Die Diagnose steht – was ist jetzt zu tun?

Hier die wichtigsten Schritte für die nächsten Tage und Wochen:

1. Weihen Sie Familie und Freundeskreis oder Schule und Kindergarten ein. Der Ernährungsplan muss für alle nachvollziehbar sein. Was darf gegessen werden? Was nicht?
2. Bei einer Allergie gibt es keine Übergangszeit; es gilt sofort und absolut konsequent auf die verbotenen Stoffe zu verzichten.
3. Rechnen Sie damit, dass Ihre Einkäufe künftig etwas mehr Zeit in Anspruch nehmen werden. Sie müssen sich durch Zutatenlisten lesen und Alternativprodukte finden.
4. Stellen Sie sich eine Liste von Ersatzprodukten zusammen, mit denen Sie künftig Milch und/oder Ei ersetzen werden.
5. Bei starker Allergie ist es wichtig, in der Küche besondere Vorsicht walten zu lassen, wenn gleichzeitig Gerichte mit und ohne die Allergene zubereitet werden. Schaffen Sie verschiedene Zonen in der Küche.
6. Verwenden Sie grundsätzlich Backpapier, welches nur einmalig benutzt wird.
7. Schaffen Sie sich ein zweites Waffeleisen an, damit milch- und eifreie Waffeln in einem nicht kontaminierten Waffeleisen gebacken werden können.

Bei einer Milch- und Eiallergie oder einer Laktoseintoleranz ist es besonders schwer, süße Speisen anzurichten. Wer kennt schon Waffeln oder Kuchen ohne Milch und Ei? Aber warum sollten Sie auf solche Leckereien verzichten, nur weil Sie vielleicht übliche Zutaten nicht vertragen? Sie werden sehen, es geht auch ohne. Ein paar Tricks muss man kennen, dann kann es losgehen mit der ei- und milchfreien Backstube. Hier einige Rezepte, von denen Sie bestimmt dachten, dass es ohne nicht gehe:

## Hefeteig

Was auch immer Süßes Sie planen, der luftige Hefeteig eignet sich hervorragend für allerhand Kuchen, Brötchen oder Zöpfe. Beispielweise können Sie damit Blechkuchen, Hefeteigzöpfe oder Rosinenbrötchen zubereiten. Oder Sie zaubern daraus Marzipanhörnchen, Schweinchenköpfe oder Weckmänner.

▶ **Für 1 Blech**

500 g Mehl · 1 Würfel Hefe oder · 1 Päckchen Trockenhefe · 4 EL Zucker · ¼ l lauwarmes Sprudelwasser · 125 g Margarine (milchfrei) · 1 Prise Salz

- Das Mehl in eine Schüssel geben, in die Mitte eine Vertiefung drücken, die Hefe hineinbröckeln und mit 1 Esslöffel Zucker, ⅛ l lauwarmem Sprudelwasser und ein wenig Mehl verrühren. Den Vorteig zugedeckt an einem warmen Ort etwa 15 Min. gehen lassen.
- Die Margarine zerlassen und mit dem restlichen Zucker und dem Salz unter das Mehl und den Vorteig kneten. Nach und nach so viel Sprudelwasser zugeben, dass ein geschmeidiger, nicht klebender Hefeteig entsteht. Teig vor dem Backen noch einmal 30 Min. gehen lassen.

**Nährwerte pro Blech/pro Portion (100 g Teig)**
2830 kcal/ 52 g E/ 105 g F/ 415 g KH
297 kcal/ 5,5 g E/ 11 g F/ 44 g KH

Tipp

Zum Aufgehen stelle ich die Teigschüssel samt Hefeteig in einen Plastikbeutel und verschließe diesen. Der Teig geht so schneller und verdoppelt sich im Nu.

## Waffeln

Auch wenn sich überraschend Besuch ankündigt, hat man die Zutaten für diese leckeren Waffeln meistens im Haus. Aus dem Waffelteig können Sie prima auch Crêpes zubereiten: Dazu den dünnflüssigen Teig in einer Pfanne zu großen, dünnen Crêpes ausbacken und diese mit Puderzucker oder Obst servieren. Für Kaiserschmarrn rühren Sie einfach etwas weniger Sprudelwasser unter den Teig und geben Rosinen hinzu. Einfach in einer Pfanne zu einem großen Pfannkuchen ausbacken, umdrehen und in kleine Stücke zerpflücken. Mit Apfelmus, Aprikosenmarmelade oder Puderzucker servieren.

**▶ Für 4 Personen**

200 g Margarine (milchfrei) · 500 g Mehl · 2 EL Zucker · 1 Flasche Sprudelwasser · Öl fürs Waffeleisen

- Die Margarine schaumig rühren. Nach und nach das Mehl, den Zucker und etwas Sprudelwasser hinzugeben. So viel Sprudelwasser unterrühren, bis der Teig so dünn wie Pfannkuchenteig ist.
- Alles gut verrühren und 20 Min. quellen lassen. Im geölten Waffeleisen die Waffeln goldbraun backen.

**Nährwerte pro Portion**

938 kcal / 12,4 g E / 56,2 g F / 96,3 g KH

*Tipp*

Wenn Sie zusätzlich 1 Messlöffel Bindobin in den Teig geben, werden die Waffeln schön knusprig. Ich rühre auch gerne Marzipanrohmasse in den Teig. Das macht die Waffeln sehr aromatisch. Anstatt mit hellem Mehl können Sie den Teig auch mit Weizen- oder Dinkelvollkornmehl zubereiten – dann brauchen Sie allerdings 10% mehr Flüssigkeit.

## Spätzle

Nichts für die ungeübte Köchin. Da braucht man Nerven und einen Spätzlehobel. Die Spätzle sind nicht nur eine leckere Beilage zu verschiedenen Gerichten, sondern sie schmecken auch gut als Hauptgericht mit in der Pfanne angebratenen Zwiebeln oder mit brauner Butter: Dazu werden 1 bis 2 Esslöffel Semmelbrösel mit 1 Esslöffel Margarine in der Pfanne angeröstet und brutzelnd über die Spätzle gegeben.

**▶ Für 4 Personen**

3½ TL Salz · 400 g Mehl · 2 Messlöffel Bindobin (aus dem Reformhaus)

- 3 Liter Wasser mit 3 Teelöffeln Salz zum Kochen bringen. Mehl in eine Schüssel geben und in die Mitte eine Mulde drücken. Bindobin und 160 ml Wasser gut verrühren und in die Mulde gießen. ½ Teelöffel Salz darüberstreuen, ca. ½ Liter Wasser hinzugeben und die Zutaten von der Mitte aus zu einem Teig verarbeiten.
- Den Teig mit einem Rührlöffel schlagen, bis er Blasen wirft. Der Teig soll weich, jedoch nicht flüssig sein. Den Teig portionsweise durch eine Spätzlepresse drücken oder mit einem Spätzlehobel in das kochende Salzwasser befördern.
- Umrühren und einmal aufkochen lassen. Die Spätzle sinken zuerst auf den Boden. Wenn sie gar sind, schwimmen sie an der Oberfläche. Mit einem Schaumlöffel aus dem Wasser nehmen, kurz in kaltem Wasser abschrecken und abtropfen lassen.

**Nährwerte pro Portion**

253 kcal / 7,4 g E / 0,7 g F / 53,3 g KH

**▶ Das passt dazu**

Kurzgebratenes oder Putengeschnetzeltes (siehe Seite 72).

## Apfel-Hafer-Müsli

Müsli ist schnell zubereitet und zusammen mit frischen Früchten ein perfekter Start in den Tag.

▶ Für 2 Personen

**Geht schnell** ⏲ **8 Min.**

1 Birne · 1 Apfel · 4 EL Haferflocken · 250 ml Sojadrink (bzw. Reis- oder Haferdrink oder Kokosmilch) · 1 EL Zitronensaft · 2 TL Haselnüsse, gehackt · Honig

- Obst abspülen, vom Kerngehäuse befreien und in kleine Stücke schneiden. Mit den Haferflocken und dem Sojadrink vermischen und mit Zitronensaft beträufeln.
- Vor dem Anrichten mit den gehackten Haselnüssen bestreuen und mit Honig abschmecken.

**Nährwerte pro Portion**

245 kcal/ 8,3 g E/ 7,7 g F/ 35,4 g KH

▶ Variante

Verfeinern Sie das Müsli im Sommer mit ein paar frischen Erdbeeren.

# FRÜHSTÜCKSIDEEN

## Birchermüsli

Das wohl bekannteste Müsli der Welt.

▶ Für 4 Personen
Gut vorzubereiten ⏲ 15 Min.
+ 24 Std. Quellzeit

8 EL Haferflocken · 4 Äpfel · 4 EL Zitronensaft · 8 EL Soja-Sahneersatz (z. B. Soja Cuisine, Soja Dream, Soja Cream) · 4 EL Nüsse, gehackt · Honig

- Die Haferflocken über Nacht in so viel Wasser einweichen, dass sie knapp bedeckt sind.
- Die Äpfel abspülen, vom Kerngehäuse befreien und reiben. Haferflocken mit dem Zitronensaft, den geriebenen Äpfeln und dem Soja-Sahneersatz vermengen.
- Das fertige Müsli mit den gehackten Nüssen bestreuen und mit Honig abschmecken.

**Nährwerte pro Portion**
250 kcal / 8,0 g E / 10,4 g F / 32,6 g KH

*Tipp*
Anstelle der Haferflocken passen auch Weizenflocken und statt des Apfels eine entsprechende Menge Beeren oder Bananen – je nach Jahreszeit.

## WISSEN

### Frühstücksideen

**Brot und Brötchen**
Beim Frühstück greifen die meisten zu Brot und Brötchen. Hier ist es für den Allergiker eher angebracht, abgepackte Ware zu kaufen, als sich auf die oft dürftigen Informationen des Bäckers zu verlassen. Denn kaum ein Bäcker kann heute noch sagen, was genau in seinen Backmischungen enthalten ist. Sehr oft ist der Sauerteig mit Buttermilch oder Ähnlichem angesetzt worden.

**Belag**
Bei den Brotaufstrichen bieten vor allem Marmeladen und Honig viel Auswahl. Doch bei Wurst müssen Sie Vorsicht walten lassen. Auch hier kaufe ich lieber abgepackte Ware, weil alle Zutaten aufgelistet sind. Wer nicht auf Schokobrotaufstriche verzichten will, kann im Reformhaus und im Naturkostladen einige Produkte finden. Und wenn Sie nicht gegen Erdnüsse allergisch sind, bietet Erdnussbutter eine leckere Abwechslung. Es gibt auch eine große Anzahl vegetarischer Brotaufstriche.

**Müsli**
Mit Müsli können Sie kaum etwas falsch machen. Einige Fertigmüslis enthalten allerdings Milchbestandteile z. B. in Form von Joghurt-Crispies oder Ähnlichem. Achten Sie auch hier stets auf die Zutatenliste. Müsli können Sie aber problemlos selbst mischen – Ihrer Kreativität sind dabei keine Grenzen gesetzt.

**Croissants**
Leckere Croissants gibt es von Knack und Back (das sind die in der blauen Dose, im Kühlregal); die Tiefkühlcroissants der Firma »Gourmet d'Alsace« gibt's aber nur bei Fegro/Selgros. Vielleicht leiht Ihnen ja ein Gewerbetreibender einmal seinen Ausweis? Croissants aus der Dose zum Fertigbacken habe ich aber auch bei Lidl und Real gefunden. Oder wie wäre es mit Waffeln zum Frühstück? (Rezept siehe Seite 27).

## Knuspermüsli

Für alle, die es morgens knusprig mögen.

▶ Für 6 Personen

**Gut vorzubereiten** ⏲ 15 Min.

10 EL kernige Haferflocken · 2 EL Weizenkeime · 2 EL Sonnenblumenkerne · 2 EL Kokosflocken · 2 EL Haselnusskerne · 2 EL Mandeln · 2 Msp. Zimt · 2 Msp. Vanilleextrakt · 3 EL Öl 3 EL Honig · 5 EL Rosinen · 2 EL Korinthen

- Die Haferflocken mit den Weizenkeimen, den Sonnenblumenkernen und den Kokosflocken mischen. Die Nüsse und die Mandeln grob hacken. Mit dem Zimt und der Vanille unter die Flocken rühren.
- In einer großen, schweren Pfanne das Öl und den Honig erhitzen, bis es »sprudelt« (etwa 2 Min.). Die Flockenmischung in die Pfanne geben und unter Rühren bei niedriger Hitze 5 Min. anrösten.
- Die Rosinen und die Korinthen abspülen, abtropfen lassen und zum Müsli in die Pfanne geben. Weitere 3 Min. bei schwacher Hitze unter Rühren mitrösten.
- Die Müslimischung abkühlen lassen, in ein gut schließendes Gefäß füllen und kühl stellen – so hält sie sich etwa eine Woche frisch. Zum Verzehr frisches Obst, Sojamilch (bzw. Reis- oder Hafermilch) oder Sojajoghurt zufügen.

**Nährwerte pro Portion**

285 kcal / 5,0 g E / 14,2 g F / 33,5 g KH

### Tipp

Wenn Sie keine Rosinen bzw. Korinthen mögen, lassen Sie sie einfach weg. Das Müsli schmeckt auch ohne sehr gut.

## Bananenmüsli

Ein Start in den Tag mit viel Energie.

▶ Für 2 Personen

**Leicht** ⏲ 5 Min.

1 EL Zitronensaft · 3 EL Orangensaft · 3 Bananen · 100 g Soja-Joghurtalternative (z. B. von Alpro oder Provamel) · 4 EL Honig · 4 EL kernige Haferflocken

- Den Zitronensaft und den Orangensaft mischen. Die Bananen schälen, in dünne Scheiben schneiden, in zwei Portionsschälchen verteilen und mit dem Saft begießen.
- Die Joghurtalternative mit dem Honig verrühren und über die Bananenscheiben geben. Die Haferflocken in der Pfanne kurz anrösten und über Bananen und Joghurt streuen.

**Nährwerte pro Portion**

372 kcal / 7,0 g E / 2,5 g F / 77,8 g KH

## Himbeerkonfitüre

Selbst gemacht – da weiß man, was man hat.

► Für 8–10 Gläser

**Braucht etwas mehr Zeit** ⏲ **1 Std. + 24 Std. Ziehzeit**

2 kg frische Himbeeren · 2 kg Gelierzucker (1 : 1) oder 1 kg Gelierzucker (1 : 2) · 2 Zitronen, nur der Saft · 1 Zitrone, nur die Schale · ¼ l Himbeergeist

- Himbeeren sorgfältig verlesen und, wenn nötig, kurz in stehendem Wasser waschen. Gründlich abtropfen lassen, mit Gelierzucker mischen und etwa 24 Stunden zugedeckt Saft ziehen lassen.
- Himbeeren mit dem Zitronensaft in einem großen Topf zum Kochen bringen.
- Zitronenschale hineingeben und 4 Min. bei starker Hitze sprudelnd weiterkochen. Topf vom Herd nehmen, Himbeergeist in die Konfitüre rühren.
- Die Konfitüre heiß in sterilisierte Gläser füllen, verschließen und die Gläser auf den Deckel stellen.

**Nährwerte pro Portion (20 g)**

43 kcal / 0,1 g E / 0,3 g F / 9,5 g KH

## Bananen-Apfel-Marmelade

Eine Marmelade aus Zutaten, die man eigentlich immer im Haus hat.

▶ Für 4–5 Gläser

**Preisgünstig** ⏲ **1 Std.**

2 säuerliche Äpfel · 700 g Bananen · 1 Tasse Wasser · 500 g Zucker

- Äpfel schälen, vom Kerngehäuse befreien und in Stückchen schneiden. Bananen und Äpfel mit dem Wasser in einem Topf so weich kochen, dass man die Früchte mit einer Gabel leicht zerdrücken kann.
- Die Fruchtmasse wiegen, das gleiche Gewicht an Zucker dazufügen und die Marmelade eine halbe Stunde einkochen. Noch heiß in Gläser füllen und diese auf den Deckel stellen.

**Nährwerte pro Portion (20 g)**

52 kcal/ 0,1 g E/ 0,02 g F/ 10,1 g KH

Tipp

Sauberkeit ist wichtig: Reinigen Sie Gläser und Deckel der Einmachgläser vor dem Einkochen mit heißem Wasser und Spülmittel und lassen Sie sie im Backofen bei 100 Grad trocknen. Und damit das Glas beim Einfüllen durch die Hitze nicht springt, wird es auf ein nasses Tuch gestellt.

## Blutorangen-Gelee

Eine leckere Wintervariante.

▶ Für 4–5 Gläser

**Gelingt leicht** ⏲ **30 Min.**

10 – 15 Blutorangen (unbehandelt) · 1 kg Gelierzucker (1 : 1) oder 500 g Gelierzucker (1 : 2)

- Die Hälfte der Blutorangen unter heißem Wasser abspülen. Von diesen Früchten die Schale spiralförmig abschälen, und zwar so dünn, dass nichts von der pelzigen, weißen Innenschale daran haftet. Die Schale in feinste Streifen schneiden.
- Alle Orangen auspressen und den Saft durch ein Sieb gießen.
- Einen dreiviertel Liter vom Saft abmessen. In einem großen Topf mit dem Gelierzucker vermischen und zum Kochen bringen. Vier Min. sprudelnd kochen lassen.
- In der letzten Minute die fein geschnittenen Orangenschalen unterrühren. Das Gelee heiß in saubere Gläser füllen und verschließen.

**Nährwerte pro Portion (20 g)**

37 kcal/ 0,1 g E/ 0,02 g F/ 8,6 g KH

## Pflaumen-Konfitüre

Ein vollmundiger Brotaufstrich.

▶ Für 4–5 Gläser

**Gelingt leicht** ⏲ **30 Min.**

1 kg vollreife Pflaumen · 1 kg Gelierzucker (1 : 1) · Saft von 1 Zitrone · abgeriebene Schale von 1 Zitrone · 6 EL Armagnac oder Calvados

- Pflaumen gut abspülen, trocken tupfen, entstielen und entsteinen. Ein Drittel der Früchte im Mixer oder Fleischwolf pürieren und in einen Topf geben.
- Die restlichen Früchte in kleine Stücke schneiden. Zitronensaft und abgeriebene Schale zum Pflaumenpüree geben.
- Den Gelierzucker untermischen und den Brei unter Rühren langsam zum Kochen bringen. Vier Min. sprudelnd kochen lassen, dann den Armagnac unterrühren.
- Die heiße Konfitüre in Gläser abfüllen und abkühlen lassen.

**Nährwerte pro Portion (20 g)**

46 kcal/ 0,06 g E/ 0,02 g F/ 10,6 g KH

## Kürbiscremesuppe

Aus zartem Kürbis lässt sich toll eine wärmende Herbstsuppe zubereiten.

▶ Für 2 – 3 Personen

Gut vorzubereiten ⏲ 50 Min.

500 g Kürbis · 1 Karotte · 1 Kartoffel · 1 Zwiebel · 2 – 3 EL Margarine (milchfrei) · Salz · Pfeffer, frisch gemahlen 1¼ l Gemüsebrühe · 1 Zweig Rosmarin · 125 ml Soja-Sahneersatz (z. B. Soja Cuisine, Soja Dream, Soja Cream) · 2 Scheiben Toast (milchfrei)

- Kürbis, Karotte und Kartoffeln abspülen und schälen. Zwiebel abziehen und fein würfeln. Gemüse ebenfalls in Würfel schneiden.
- Zwiebel-, Kürbis-, Karotten- und Kartoffelwürfel in der Margarine andünsten, salzen, pfeffern und mit der Gemüsebrühe auffüllen. Rosmarin abspülen, Nadeln abzupfen, fein hacken und dazugeben.
- Die Suppe bei kleiner Hitze etwa 20 Min. kochen. Dann durch ein Sieb streichen, nochmals kurz aufkochen und den Sahneersatz unterrühren.
- Die Toastscheiben entrinden, in Würfel schneiden und die Brotwürfel in einer Pfanne anrösten. Suppe in Teller füllen und die Croûtons darüberstreuen.

**Nährwerte pro Portion**

351 kcal / 16,2 g E / 14,1 g F / 38,3 g KH

# KLEINE GERICHTE

## Brokkolisuppe

Eine schöne grüne Sache.

▶ Für 2 Personen

**Preisgünstig** ⏲ **30 Min.**

200 g Brokkoli · 600 ml Brühe · 4 TL Speisestärke · 1 EL Petersilie, gehackt · Muskatnuss, frisch gerieben · Pfeffer, frisch gemahlen

- Brokkoli putzen, abspülen und die Brokkolistängel von den Röschen trennen. Die Stängel in der Brühe weich kochen und pürieren.
- Die Stärke in etwas kaltem Wasser auflösen und tröpfchenweise in die Suppe einrühren.
- Die Brokkoliröschen in die Suppe geben und so lange kochen, bis sie gar sind.
- Suppe mit Muskat und Pfeffer abschmecken und vor dem Servieren mit etwas gehackter Petersilie bestreuen.

**Nährwerte pro Portion**

122 kcal / 6,5 g E / 0,8 g F / 21,1 g KH

## Blumenkohlsuppe mit Kerbel

Bei Kindern und Erwachsenen gleichermaßen beliebt.

▶ Für 4 Personen

**Gut vorzubereiten** ⏲ **45 Min.**

1 mittelgroßer Blumenkohl · 1 EL Margarine (milchfrei) · 1 l Hühnerbrühe · Salz · Pfeffer, frisch gemahlen · 4 EL Soja-Sahneersatz (z. B. Soja Cuisine, Soja Dream, Soja Cream) · 3 EL Kerbel, gehackt

- Den Blumenkohl putzen, abspülen und in kleine Röschen zerteilen.
- Die Margarine in einem Topf erhitzen und den Blumenkohl einige Minuten darin schwenken, bevor die heiße Brühe dazukommt.
- Die Suppe zum Kochen bringen und zugedeckt etwa 20 Min. leicht köcheln lassen.
- Mit einem Pürierstab oder im Mixer pürieren, nochmals in den Topf füllen und erhitzen. Mit Salz und Pfeffer abschmecken und den Sahneersatz unterrühren. Mit dem Kerbel bestreuen.

**Nährwerte pro Portion**

224 kcal / 20,1 g E / 14,4 g F / 3,6 g KH

## Bärlauchsuppe

Denn etwas Warmes braucht der Mensch.

▶ Für 4 Personen

**Geht schnell** ⏲ **15 Min.**

1 Zwiebel · 2 EL Margarine (milchfrei) · 1 EL Mehl · 1 l Gemüsebrühe · 10–12 Bärlauchblätter · Salz · Pfeffer, frisch gemahlen

- Die Zwiebel abziehen, fein hacken und in der Margarine glasig dünsten. Das Mehl einstreuen und goldgelb anrösten.
- Nach und nach die Gemüsebrühe angießen, mit einem Schneebesen schnell unterrühren und kurz aufkochen lassen.
- Mit Salz und Pfeffer abschmecken. Die Bärlauchblätter abspülen, fein wiegen, auf Suppenteller verteilen und mit der Suppe übergießen.

**Nährwerte pro Portion**

103 kcal / 2 g E / 8,4 g F / 5,4 g KH

## Feine Erbsensuppe

Diese leuchtend grüne Erbsensuppe eignet sich prima als Vorspeise.

▶ Für 2 – 3 Personen

**Gelingt leicht** ⏲ **15 Min.**

400 g TK-Erbsen · ¾ l Hühnerbrühe · 2 EL Kartoffelpüree-Flocken (milchfrei) · 2 EL Soja-Sahneersatz (z. B. Soja Cuisine, Soja Dream, Soja Cream) · 1 Bund Basilikum · Salz · Pfeffer, frisch gemahlen

- Erbsen in der Hühnerbrühe 10 Min. bei kleiner Hitze gar kochen. Mit dem Pürierstab oder im Mixer pürieren (evtl. durch ein Sieb streichen).
- Suppe wieder erwärmen und mit den Püreeflocken cremig rühren.
- Sahneersatz unterrühren. Basilikum abspülen, trocken schütteln und fein hacken.
- Die Suppe mit Salz und Pfeffer abschmecken und mit Basilikum bestreut servieren.

**Nährwerte pro Portion**

297 kcal / 27 g E / 10,4 g F / 23,1 g KH

## Blitzschnelle Lauchsuppe

Sie haben keine Zeit und wollen doch gesund essen?

▶ Für 4 Personen

**Geht schnell** ⏲ 10 Min.

800 ml Gemüsebrühe · 1 Bund Lauch · ½ Bund frische Kräuter (Basilikum, Thymian, Kerbel) · Salz · Pfeffer, frisch gemahlen

- Die Gemüsebrühe aufkochen.
- Den Lauch putzen, abspülen und die dunkelgrünen Enden wegwerfen. Den Rest in dünne Ringe schneiden. In die Suppe geben und einige Minuten garen.
- Mit Salz und Pfeffer abschmecken. Die Kräuter abspülen, hacken und über die Suppe streuen.

**Nährwerte pro Portion**

65 kcal/ 3,5 g E/ 0,7 g F/ 10,5 g KH

## Klare Tomatensuppe

Holen Sie sich das Sommergefühl in die Küche.

▶ Für 4 Personen

**Gelingt leicht** ⏲ 30 Min.

800 g Tomaten · 1 Zwiebel · 1 Knoblauchzehe · 2 EL Olivenöl · 500 ml Brühe · Thymian · Salz · Pfeffer, frisch gemahlen · 8 Blätter Basilikum

- Tomaten abspülen und in Würfel schneiden. Zwiebel und Knoblauch abziehen, würfeln und mit den Tomaten in einen Topf geben. Alles kurz in Olivenöl andünsten.
- Die Brühe angießen, aufkochen lassen und mit Thymian sowie Salz und Pfeffer würzen. Etwa 20 Min. köcheln lassen. Die Suppe durch ein Sieb passieren und mit dem in Streifen geschnittenen Basilikum servieren.

**Nährwerte pro Portion**

102 kcal/ 3,3 g E/ 6,8 g F/ 6,6 g KH

▶ Variante

Mit in Olivenöl gebratenen Tofuwürfeln und geröstetem Olivenbrot servieren.

## Schneller Maissalat

Eine erfrischende Beilage zu vielen Gerichten.

▶ Für 4 Personen

**Geht schnell** ⏲ 7 Min.

1 Dose Mais · 1 kleine Zwiebel · 3 EL Öl · 3 EL Essig · Salz · Pfeffer, frisch gemahlen

- Mais gut abtropfen lassen.
- Die Zwiebel abziehen, sehr fein würfeln und mit Öl, Essig, Salz und Pfeffer zu einem Dressing verrühren.
- Die Soße zusammen mit dem Mais in einer Schüssel gut vermengen und etwa 5 Min. ziehen lassen.

**Nährwerte pro Portion**

137 kcal/ 2,4 g E/ 9,8 g F/ 9,4 g KH

*Tipp*

Ein Notstandssalat, dessen Zutaten man auch bei gähnender Kühlschrankleere oft im Haus hat. Er lässt sich mit Tomaten, Radicchio, Thunfisch oder gewürfelter Paprika beliebig erweitern.

## Klassischer Gurkensalat

Einer der beliebtesten Salate überhaupt.

▶ Für 4 Personen

**Gelingt leicht** 10 Min.

1 Salatgurke · ½ Knoblauchzehe · 100 g Soja-Joghurtalternative (z. B. von Alpro oder Provamel) · 1 TL TK-Dill · 2 EL Zitronensaft · Zucker · Salz · Pfeffer, frisch gemahlen

- Die Salatgurke schälen und in feine Scheiben schneiden. Knoblauchzehe abziehen und zerdrücken.
- Aus Joghurtalternative, Knoblauch, Dill und Zitronensaft ein cremiges Dressing rühren.
- Mit Zucker, Salz und Pfeffer kräftig abschmecken. Dressing über die Gurken geben und gut vermischen.

**Nährwerte pro Portion**

40 kcal / 2,4 g E / 0,5 g F / 6,1 g KH

*Tipp*

Der Salat sollte nicht zu lange stehen, da die Gurken viel Wasser ziehen und das Dressing schnell wässrig wird.

## Bunter Wintersalat

Auch im Winter ist Salat eine schöne Abwechslung.

▶ Für 4 Personen

**Gelingt leicht** ⏱ **10 Min.**

1 kleine Dose Artischockenherzen · 1 kleine Dose Spargelabschnitte · 1 kleiner Eisbergsalat · 1 Radicchio · 100 g rosa Champignons · 3 – 4 EL Estragonessig · 2 – 3 EL Öl · Salz · Pfeffer, frisch gemahlen

- Die Artischockenherzen und die Spargelstücke in ein Sieb geben und gut abtropfen lassen.
- Den Eisbergsalat putzen, abspülen und in Streifen schneiden. Den Radicchio putzen, abspülen und grob zerpflücken.
- Die Champignons mit einem feuchten Tuch putzen und blättrig schneiden. Artischockenherzen vierteln.
- Alle Zutaten vorsichtig vermischen. Essig in eine Schüssel geben, Öl zufügen, mit Salz und Pfeffer abschmecken. Dressing vorsichtig unter den Salat heben.

**Nährwerte pro Portion**

90 kcal / 3,9 g E / 6,4 g F / 3,6 g KH

◀ Bunter Wintersalat

## Arabischer Bohnensalat

Wenn Sie mal mit etwas Orientalischem überraschen wollen.

▶ Für 4 Personen

**Braucht etwas mehr Zeit** ⏱ **1 Std.**

200 g Kidneybohnen, getrocknet · 200 g weiße Bohnen, getrocknet · 200 g Mais aus der Dose · 1 kleine Zwiebel · 3 Knoblauchzehen · 4 – 5 EL Olivenöl · 2 – 3 EL Balsamicoessig · 1 EL Sojasoße · 1 EL Oregano · 1 TL Rosmarin, getrocknet · 1 TL Thymian, getrocknet · ½ TL Kreuzkümmel, gemahlen · Tabasco · Salz · Pfeffer, frisch gemahlen

- Die Bohnen über Nacht in kaltem Wasser einweichen.
- Bohnen samt Wasser etwa 45 Min. im geschlossenen Topf bei niedriger Temperatur gar kochen. Kein Salz zum Kochen verwenden, sonst werden die Bohnen nicht weich.
- Zwiebel und Knoblauch abziehen, Zwiebel hacken und Knoblauch zerdrücken. Beides zusammen mit Olivenöl, Essig, Kräutern, Kreuzkümmel, Sojasoße, Tabasco, Salz und Pfeffer zu einem Dressing vermischen.
- Bohnen abgießen, abspülen und abkühlen lassen. Mit dem Dressing gut vermengen und einige Minuten ziehen lassen.

**Nährwerte pro Portion**

495 kcal / 19,2 g E / 16,8 g F / 65,2 g KH

*Tipp*

Es geht natürlich schneller, wenn Sie Bohnen aus der Dose verwenden.

## Deftiger Nudelsalat

Optimal für Kindergeburtstage und die Grillparty.

▶ Für 4 Personen

**Gut vorzubereiten** 30 Min.

250 g Nudeln (eifrei) · Salz · 5 kleine Gewürzgurken · 250 g Fleischwurst · 3 Tomaten · ½ kl. Dose Ananasscheiben (230 g) · 300 g TK-Erbsen · 150 g Soja-Joghurtalternative · 4 TL Tofunaise · Ananassaft · 1 TL Curry · Pfeffer, geschrotet · Petersilie

- Nudeln in reichlich Salzwasser bissfest kochen.
- Gewürzgurken und Wurst in Streifen schneiden, Tomaten abspülen und achteln. Ananas abtropfen lassen und den Saft dabei auffangen. Die Ananasscheiben in kleine Stücke schneiden.
- Erbsen mit wenig Wasser 2 bis 3 Min. dünsten. Nudeln abgießen und kurz unter kaltem Wasser abschrecken. Abtropfen lassen.
- Erbsen mit den Nudeln, den Gurken, der Wurst, den Tomaten und der Ananas in einer Schüssel vermengen.
- Soja-Joghurtalternative und Tofunaise mit dem Ananassaft glatt rühren und mit Curry, Salz und Pfeffer abschmecken. Das Dressing unter den Salat rühren, mit Petersilie garniert servieren.

**Nährwerte pro Portion**

609 kcal / 27,9 g E / 22,8 g F / 71 g KH

## Kartoffelsalat mit Apfel

Es muss ja nicht immer traditionell sein – oder?

▶ 4 Personen

**Preisgünstig** 45 Min.

1 kg Kartoffeln · 1 Stange Lauch · 1 großer Apfel · 2 – 3 EL Essig · 6 EL Öl · 1 TL Salz · Pfeffer, frisch gemahlen · ½ Salatgurke · Petersilie

- Kartoffeln in der Schale kochen. Lauch putzen, abspülen und in dünne Ringe schneiden. Den Apfel abspülen, vom Kerngehäuse befreien und fein würfeln.
- Kartoffeln abgießen, noch heiß pellen, auskühlen lassen und in Scheiben schneiden.
- Essig, Öl, Salz und Pfeffer mit ⅛ Liter Wasser verrühren. Dressing über Kartoffeln, Lauch und Äpfel geben und alles gut miteinander vermischen. Die Salatgurke schälen, halbieren, in Scheiben schneiden und unter den Salat heben. Mit Petersilie garniert servieren.

**Nährwerte pro Portion**

334 kcal / 4,8 g E / 18,3 g F / 36 g KH

## Kartoffelsalat mit Rindfleisch

Da ist mehr drin – das ist etwas für Hungrige.

▶ Für 3 Personen

**Gut vorzubereiten** 45 Min.

750 g Kartoffeln · 250 g gegarter Rinderbraten · 2 Gewürzgurken · 100 g Tofunaise (Reformhaus) · 150 g Soja-Joghurtalternative (z. B. von Alpro) · Salz · Pfeffer, frisch gemahlen · Zucker · ¼ l Brühe · 1 Zwiebel · 1 Bund Petersilie

- Kartoffeln in der Schale kochen. Fleisch in Streifen und Gurken in Würfel schneiden.
- Für das Dressing Tofunaise und Soja-Joghurtalternative verrühren und mit Salz, Pfeffer und Zucker kräftig abschmecken.
- Die Kartoffeln abgießen, noch heiß pellen, auskühlen lassen und in Scheiben schneiden. Brühe erhitzen, über die Kartoffeln gießen, umrühren und 5 Min. ziehen lassen.
- Die Zwiebel abziehen, würfeln und zu den Kartoffeln geben. Gurken, Fleisch und Dressing hinzufügen und vorsichtig durchmischen.
- Salat kühl stellen und einige Stunden durchziehen lassen. Petersilie abspülen, trocken schütteln, hacken und vor dem Servieren über den Salat streuen.

**Nährwerte pro Portion**

509 kcal / 43,1 g E / 18,7 g F / 39,6 g KH

## Reissalat

Locker und leicht. Wer sagt denn, dass Reis nur im Risotto schmeckt?

▶ Für 6 Personen

Gelingt leicht ⏲ 20 Min.

2 Kochbeutel Reis bzw. 250 g Langkornreis · 1 kleines Glas Gewürzgurken · 300 g TK-Erbsen · 2 Dosen Thunfisch · 500 ml Tofunaise · 4 EL Curryketchup · Salz · Pfeffer, frisch gemahlen

- Den Reis nach Packungsanweisung bissfest kochen. Die Gurken in kleine Würfel schneiden.
- Die Erbsen mit wenig Wasser 2 bis 3 Min. kochen. Den Thunfisch zerpflücken. Den Reis abgießen und abtropfen lassen.
- Die Erbsen abgießen und mit den Gurkenstückchen, dem Reis und dem Thunfisch in einer Schüssel vermischen. Die Tofunaise mit dem Curryketchup verrühren, über den Salat geben und unterheben.
- Vor dem Servieren gut durchziehen lassen und mit Salz und Pfeffer abschmecken.

Nährwerte pro Portion

893 kcal / 32,4 g E / 54,2 g F / 68,1 g KH

## Apfel-Senf-Dressing

Das A und O eines jeden Salates ist das Dressing.

▶ Für 4 Personen

Gut vorzubereiten ⏲ 5 Min.

2 säuerliche Äpfel · 3 EL scharfer Senf · 125 ml Soja-Sahneersatz (z. B. Soja Cuisine, Soja Dream, Soja Cream) · 1 kleine Zwiebel · Salz · Pfeffer, frisch gemahlen · Zucker

- Die Äpfel schälen, vom Kerngehäuse befreien und auf der feinsten Stufe einer Gemüsereibe reiben. Mit dem Senf und dem Sahneersatz verrühren.
- Die Zwiebel abziehen, in kleine Würfel schneiden und untermischen. Das Dressing mit Salz, Pfeffer und Zucker abschmecken.

Nährwerte pro Portion

101 kcal / 6,1 g E / 3,9 g F / 10,1 g KH

## Basilikum-Vinaigrette

Schon der Geruch des frischen Basilikums wird Sie lächeln lassen.

▶ Für 4 Personen

Gelingt leicht ⏲ 5 Min.

2 EL Balsamicoessig · 1 EL Weißwein · Zucker · Salz · Pfeffer, frisch gemahlen · 4 EL Olivenöl · 1 Bund Basilikum

- Balsamicoessig und Weißwein mit Zucker, Salz und Pfeffer verrühren. Olivenöl tropfenweise unterschlagen.
- Basilikum abspülen und trocken schütteln. Die Blättchen abzupfen, fein hacken und in die Vinaigrette rühren.

Nährwerte pro Portion

115 kcal / 0,1 g E / 12,0 g F / 1,6 g KH

▶ Das passt dazu

Alle Blattsalate, vor allem aber sonnengereifte Tomaten.

## Joghurt-Kräuter-Soße

Lecker zu Blattsalaten.

▶ Für 4 Personen

**Gelingt leicht** 5 Min.

Saft von 1 Zitrone oder Limette · 150 g Soja-Joghurtalternative (z. B. von Alpro oder Provamel) · 3 EL Soja-Sahneersatz (z. B. Soja Cuisine, Soja Dream, Soja Cream) · Salz · Pfeffer, frisch gemahlen · 1 Prise Zucker · 1 Spritzer Tabasco · 3 EL gehackte Kräuter (z. B. Petersilie, Dill, Kresse, Schnittlauch, Kerbel)

- Zitronen- bzw. Limettensaft mit der Joghurtalternative, dem Soja-Sahneersatz, Salz, Pfeffer, Zucker und Tabasco in einer Schüssel vermischen.
- Kräuter dazugeben und unter die Soße rühren.

**Nährwerte pro Portion**

75 kcal / 6,7 g E / 3,2 g F / 4,4 g KH

▶ Das passt dazu

Blattsalate, aber auch gegrillter Fisch und gegrilltes Fleisch.

## Paprika-Tomaten-Dip

Gibt's nicht zu kaufen? Na und, dann machen wir es selbst!

▶ Für 4 Personen

**Gelingt leicht** 25 Min.

2 Tomaten · ½ gelbe Paprika · 1 kleine Zwiebel · 1 TL Paprika · Salz · Pfeffer, frisch gemahlen · 1 kleine Gewürzgurke · 2 EL Apfelmus · 1 – 2 Blatt Gelatine

- Die Tomaten abspülen, putzen und entkernen. Paprika waschen und entkernen, die Zwiebel abziehen und grob würfeln.
- Tomaten, Paprika und Zwiebeln mit Paprikapulver, Salz, Pfeffer, der Gewürzgurke und dem Apfelmus mit dem Stabmixer oder im Standmixer nicht zu fein pürieren.
- Die Gelatine in kaltem Wasser einweichen, nach 10 Min. sorgfältig ausdrücken und in einem Topf bei schwacher Hitze auflösen.
- Unter Rühren tropfenweise in den Dip geben, bis die gewünschte Konsistenz erreicht ist.

**Nährwerte pro Portion**

23 kcal / 1,4 g E / 0,3 g F / 3,4 g KH

## Himbeer-Vinaigrette

Ein Dressing für alle, die das Exklusive mögen.

▶ Für 4 Personen

**Geht schnell** 5 Min.

3 EL Himbeeressig · Salz · Zucker · bunter Pfeffer, grob geschrotet · 6 EL Distelöl · 1 Schalotte

- Himbeeressig mit Salz, Zucker und Pfeffer verrühren. Distelöl tropfenweise unterschlagen.
- Die Schalotte abziehen, fein würfeln und unter die Vinaigrette rühren.

**Nährwerte pro Portion**

167 kcal / 0,2 g E / 17,9 g F / 1,6 g KH

▶ Das passt dazu

Feldsalat mit gebratener Entenbrust.

### Tipp

Knoblauchliebhaber lassen eine abgezogene Knoblauchzehe etwa 1 Stunde im Himbeeressig ziehen, nehmen sie aber vor dessen weiterer Verwendung heraus. Die Vinaigrette verträgt keinen zerdrückten Knoblauch als Zutat, da sein dominanter Geschmack das zarte Himbeeraroma übertönen würde.

▶ Himbeer-Vinaigrette an Feldsalat

## Knoblauchjoghurt

Man könnte ihn auch Zaziki nennen.

▶ Für 4 Personen

**Gelingt leicht** 10 Min.

½ Salatgurke · 2 Knoblauchzehen · 200 ml Soja-Sahnealternative (z. B. Soja Cuisine, Soja Dream, Soja Cream) · 100 g Soja-Joghurtersatz (z. B. von Alpro oder Provamel) · 3 TL TK-Dill · 1 TL Zitronensaft · Zucker · Salz · Pfeffer, frisch gemahlen

- Die Salatgurke abspülen, der Länge nach halbieren und mit einem Teelöffel die Kerne herauskratzen. Die Gurke auf einer Gemüsereibe fein raspeln.
- Knoblauch abziehen und ganz fein schneiden. Alle Zutaten zu einer Creme verrühren. Mit Zitronensaft, Zucker, Salz und Pfeffer abschmecken und etwa 20 Min. ziehen lassen.

**Nährwerte pro Portion**

117 kcal / 11 g E / 6,3 g F / 3,8 g KH

## Soja-Knoblauch-Dip

Würzig und für viele Gerichte zu nutzen.

▶ Für 4 Personen

**Geht schnell** 10 Min.

1 Frühlingszwiebel · 3 Knoblauchzehen · 6 EL dunkle Sojasoße · 3 EL Erdnussöl · Zucker

- Frühlingszwiebel putzen und in feine Ringe schneiden, hacken. Den Knoblauch abziehen und pressen (oder ganz fein hacken).
- Mit der Sojasoße und dem Erdnussöl verrühren und mit Zucker abschmecken.

**Nährwerte pro Portion**

109 kcal / 2,1 g E / 9,0 g F / 5,2 g KH

## Curry-Dip

Als Allergiker kann man so etwas nicht fertig in der Flasche kaufen.

▶ Für 4 Personen

**Geht schnell** 10 Min.

½ Banane · 2 EL Soja-Joghurtalternative (z. B. von Alpro oder Provamel) · 3 TL Curry · Zucker · 150 g Tofunaise · 1 EL Walnüsse

- Die Banane zerdrücken und mit der Joghurtalternative und dem Curry verrühren. Zucker hinzufügen und die Tofunaise unterziehen.
- Die Walnüsse hacken und den Dip damit bestreuen.

**Nährwerte pro Portion**

207 kcal / 5,0 g E / 16,3 g F / 10 g KH

## Mexikanische Soße

Es darf auch mal würziger sein.

▶ Für 4 Personen

**Braucht etwas mehr Zeit** ⏲ **20 Min.**

7 getrocknete Chilischoten · 1 Zwiebel · 6 Knoblauchzehen · 200 ml Obstessig · 1 TL Majoran, getrocknet · 1 TL Oregano, getrocknet · 2 Lorbeerblätter · 2 Gewürznelken · 3 schwarze Pfefferkörner · 125 ml Olivenöl · Salz

- Die Chilischoten der Länge nach aufschlitzen, von Kernen und Trennwänden befreien und zerbröseln. Die Zwiebel und die Knoblauchzehen abziehen und würfeln. Alles in einer trockenen gusseisernen Pfanne rösten (dabei nicht zu dunkel werden lassen). Mit Essig ablöschen.
- Majoran, Oregano, Lorbeerblätter, Nelken und Pfefferkörner dazugeben und alles zugedeckt etwa 20 Min. köcheln lassen.
- Alle Zutaten in den Mixer geben, pürieren und anschließend durch ein Sieb streichen. Wieder in den Mixer geben und das Öl nach und nach dazugießen. Die Soße mit Salz abschmecken und bis zum Gebrauch in eine gut schließende Flasche füllen.

**Nährwerte pro Portion**

307 kcal / 1,0 g E / 31,7 g F / 3,6 g KH

▶ Das passt dazu

Deftige Mais-, Bohnen- und Fleischsalate; in kleineren Mengen sorgt die Soße in anderen Salaten für raffinierte Schärfe.

*Tipp*

Soll die Soße sanfter sein, mischen Sie vor dem Servieren ganz fein gehackte, vollaromatische Tomaten darunter. Im Kühlschrank hält sich die Soße wochenlang.

## Curry-Bananen-Cocktailsoße

Gedippt wird doch immer. Egal wo, egal wann.

▶ Für 4 Personen

**Gelingt leicht** ⏲ **10 Min.**

1 Banane · 1 TL Zitronensaft · 1 Tasse Soja-Sahneersatz (z. B. Soja Cuisine, Soja Dream, Soja Cream) · Salz · Zucker · ½ TL Curry

- Banane schälen und in ein paar große Stücke schneiden
- Bananenstücke mit Zitronensaft, Sahneersatz, Salz, Zucker und Curry in den Mixer geben und 2 Min. bei mittlerer Einstellung mixen.

**Nährwerte pro Portion**

101 kcal / 6,4 g E / 3,8 g F / 10 g KH

## Knoblauchschmalz

Für die Liebhaber des Würzigen.

▶ Für 6 bis 8 Personen
**Gelingt leicht** 15 Min.
600 g mild geräucherter, gekochter Frühstücksspeck · 2 – 4 Knoblauchzehen · 2 Bund Petersilie

- Den Frühstücksspeck in dünne Scheiben schneiden und in einer Pfanne auslassen. Aus der Pfanne nehmen, abtropfen und abkühlen lassen.
- Die Knoblauchzehen abziehen, die Petersilie abspülen und von den Stielen zupfen.
- Speckscheiben, Knoblauch und Petersilie durch die grobe Scheibe des Fleischwolfs drehen und mit dem noch lauwarmen Fett mithilfe eines Quirls geschmeidig rühren.

**Nährwerte pro Portion (8)**
112 kcal/ 13,4 g E/ 6,0 g F/ 1,2 g KH

## Avocadocreme

Der deftig-cremige Genuss für jeden Tag.

▶ Für 2 Personen
**Gelingt leicht** 10 Min.
1 reife Avocado · 1 kleine Zwiebel · 1 TL Tomatenmark · Salz · Pfeffer, frisch gemahlen · Zitronensaft

- Avocado halbieren, den Kern entfernen, mit einem Löffel das Fruchtfleisch herausschaben und mit einer Gabel zerdrücken.
- Die Zwiebel abziehen und fein würfeln. Zusammen mit dem Tomatenmark unter die Avocadocreme rühren. Mit Salz, Pfeffer und Zitronensaft abschmecken.

**Nährwerte pro Portion**
122 kcal/ 1,3 g E/ 12,4 g F/ 1,7 g KH

## Baked Potato mit Sourcream

Perfekt zu jedem Grillabend oder einfach im Winter, wenn uns kalt ist.

▶ Für 4 Personen
**Gelingt leicht** 2 Std.
4 große Kartoffeln (à 300 g) · 300 g Soja-Joghurtalternative (z. B. von Alpro oder Provamel) · 2 Knoblauchzehen · 250 ml Soja-Sahneersatz (z. B. Soja Cuisine, Soja Dream, Soja Cream) · 2 Bund Schnittlauch · Salz · Pfeffer, frisch gemahlen

- Kartoffeln abspülen, in Alufolie einschlagen und im 200 Grad heißen Backofen (Umluft 180 Grad) etwa 2 Std. backen.
- Joghurtalternative und Sahneersatz verrühren. Knoblauch abziehen und zerdrücken, Schnittlauch abspülen, trocken schütteln und in Röllchen schneiden. Beides unter die Creme rühren. Mit Salz und Pfeffer würzen.
- Kartoffeln in der Mitte kreuzweise einschneiden, leicht auseinanderdrücken und jeweils einen Löffel Sourcream daraufsetzen.

**Nährwerte pro Portion**
346 kcal/ 23,5 g E/ 9,1 g F/ 40,3 g KH

▶ Baked Potato mit Sourcream

## Kräuterkartoffeln

Kartoffeln sind echte Verwandlungskünstler.
Besonders gut verstehen sie sich mit frischen Kräutern.

▶ Für 2 Personen

**Preisgünstig** ⏲ 20 Min.

500 g Kartoffeln, festkochend · 4 EL Olivenöl · Salz · Pfeffer, frisch gemahlen · 1 Bund glatte Petersilie · 1 Bund Kerbel · ½ Bund Basilikum

- Die Kartoffeln schälen und in streichholzdicke Streifen schneiden. In ein Küchentuch geben und leicht auspressen.
- Zwei Esslöffel Öl in einer beschichteten Pfanne erhitzen, die Hälfte der Kartoffelstifte hineingeben, salzen und pfeffern und in etwa 5 bis 7 Min. knusprig braun anbraten. Mithilfe eines flachen Topfdeckels am Stück aus der Pfanne nehmen.
- Petersilie, Kerbel und Basilikum abspülen, trocken schütteln und hacken. Zwei Esslöffel Öl in der Pfanne erhitzen, die restlichen Kartoffelstifte in die Pfanne geben, salzen und die gehackten Kräuter darüberstreuen. Die bereits angebratene Kartoffelmasse auf die Kräuterseite legen und die zweite Seite weitere 5 bis 7 Min. braten.

**Nährwerte pro Portion**

362 kcal / 4,7 g E / 24,2 g F / 30,7 g KH

## Kartoffelpuffer

Die Zubereitung ist kinderleicht und zu Kartoffelpuffern schmecken süße und herzhafte Beilagen.

▶ Für 2 Personen

**Preisgünstig** ⏲ 45 Min.

500 g Kartoffeln · Salz · 3 EL Mehl · 2–3 Messlöffel Bindobin (aus dem Reformhaus) · Öl zum Braten

- Die Kartoffeln schälen und fein reiben. Mit Salz, Mehl und Bindobin vermengen und gut verrühren. Den Kartoffelpufferteig 20 bis 30 Min. quellen lassen.
- Öl in einer beschichteten Pfanne erhitzen und die Puffer portionsweise goldbraun ausbacken.

**Nährwerte pro Portion**

554 kcal / 7,2 g E / 35,5 g F / 51,1 g KH

▶ **Das passt dazu**

Räucherlachs, Kräutercreme oder Obst, z. B. Apfelmus. In verschiedenen Regionen isst man Kartoffelpuffer auch mit Gulasch, Quark oder Zuckerrübensirup.

## Tomatenreis mit Zucchini

Man kann zum Abendessen ja auch mal etwas anderes ausprobieren – oder?

▶ Für 4 Personen
Preisgünstig ⏲ 50 Min.
1 kg Zucchini · 1 Gemüsezwiebel · 1 Knoblauchzehe · 3 EL Margarine (milchfrei) · 500 g Tomaten · 1 EL Tomatenmark · Salz · Pfeffer, frisch gemahlen · 100 g Langkornreis

- Zucchini abspülen und in Scheiben schneiden. Zwiebel und Knoblauch abziehen und fein würfeln. Tomaten mit heißem Wasser überbrühen, Haut abziehen und würfeln.
- Margarine in einem großen Topf bei schwacher Hitze zerlassen. Zwiebel, Knoblauch und Tomaten zufügen und alles unter gelegentlichem Rühren 5 Min. kochen lassen.
- Tomatenmark einrühren und mit Salz und Pfeffer kräftig würzen. Die Soße zugedeckt bei schwacher Hitze 15 Min. kochen lassen.
- Den Reis in die Tomatensoße geben und gut untermischen. Zugedeckt etwa 20 Min. leicht kochen lassen. Sollte der Reis zu trocken werden, etwas Wasser angießen.
- Fünf Minuten vor Ende der Kochzeit die Zucchinischeiben hinzufügen und mitgaren, bis sie gar sind, aber noch Biss haben.

Nährwerte pro Portion
239 kcal / 6,8 g E / 10,3 g F / 28,8 g KH

## Curryreis mit Schinkenbananen

Curry und Banane – eine tolle Kombination.

▶ Für 3 – 4 Personen
Preisgünstig ⏲ 30 Min.
200 g Basmatireis · 300 ml Gemüsebrühe · 1 TL Curry · 2 EL Rosinen · ½ Tasse Orangensaft · 1 EL Margarine (milchfrei) · 2 Bananen · 4 Scheiben gekochter Schinken · Salz · weißer Pfeffer, frisch gemahlen · Petersilie

- Den Reis mit dem Curry in die Gemüsebrühe geben – der Reis sollte im Topf von der Brühe etwa zwei Finger hoch bedeckt sein. Einmal aufkochen lassen und zugedeckt für 10 bis 12 Min. in den 120 Grad heißen Backofen (Umluft 110 Grad) stellen.
- Die Rosinen in heißem Wasser gründlich abspülen und im Orangensaft quellen lassen. Die Bananen schälen und längs halbieren.
- Die Margarine in einer Pfanne zerlassen. Die Bananen zunächst von jeder Seite kurz darin anbraten, dann jede Hälfte in eine Schinkenscheibe rollen und diese mit Holzspießchen feststecken. Die Schinkenbananen in der Pfanne bei schwacher Hitze unter mehrmaligem Wenden 5 Min. braten.
- Wenn der Reis die ganze Flüssigkeit aufgenommen hat, die Rosinen mit dem Orangensaft unter den Curryreis mischen. Den Reis mit Salz und Pfeffer abschmecken, mit Petersilie garnieren und zusammen mit den Schinkenbananen servieren.

Nährwerte pro Portion
351 kcal / 14 g E / 5,7 g F / 59,3 g KH

▶ Das passt dazu
Chicoréesalat

## Wraps

Sie sind besonders bei Jugendlichen absoluter Kult.

▶ Für 4 Personen

Preisgünstig 30 Min. + 15 Min. Ruhezeit

300 g Weizenkörner oder Weizenmehl · ½ TL Salz

- Die Weizenkörner in einer Getreide- oder Kaffeemühle fein mahlen oder Mehl verwenden. Mit 150 ml Wasser und Salz vermischen und mit den Knethaken des Handrührgeräts kneten. Eventuell etwas mehr Wasser zugeben, bis ein glatter Teig entsteht.
- Den Teig 5 Min. mit den Händen kneten und auf die Arbeitsfläche schlagen, bis er geschmeidig ist. Anschließend 15 Min. an einem warmen Ort ruhen lassen.
- In 12 Stücke teilen und jeweils zu dünnen Fladen von ca. 20 cm Durchmesser ausrollen.
- In einer beschichteten Pfanne ohne Fettzugabe nacheinander von jeder Seite ca. 2 Min. backen (in einer unbeschichteten Pfanne mit etwas Sesamöl).
- Wenn es schneller gehen soll: Inzwischen gibt es Wrapplatten im Handel auch fertig zu kaufen.

Nährwerte pro Portion

367 kcal / 8,8 g E / 16,4 g F / 45,7 g KH

▶ Füllung

Als Füllung für Wraps eignen sich frische Salate und gegrilltes Fleisch oder Fisch.

▶ Varianten

Auch Wraps mit Romanasalat, Melone und Senfdressing sind lecker. Probieren Sie auch Wraps mit Tomate und in Olivenöl gebratenen Tofuwürfeln. Damit es nicht zu trocken wird, sollten die Fladen zuvor mit Avocadocreme, Tofunaise oder Olivenöl bestrichen werden. Noch ein paar frische Kräuter (Basilikum, Koriander, Minze) und ein bisschen Sesam auf die Füllung streuen – fertig.

◀ Wraps

## Handgeformtes Sushi

Wer schon mal im Sushi-Restaurant war, weiß, wie teuer Sushi ist.

▶ Für 4 Personen

Braucht etwas mehr Zeit 1 Std.

100 g Sushireis · 4 EL Reisweinessig · ¼ TL Salz · 1 TL Zucker · 1 – 2 EL Wasabipaste · 4 gekochte Garnelenschwänze · 300 g Fischfilet (Lachs, Forelle, Thunfisch) · Schnittlauch · Sojasoße · marinierter Ingwer

- Reis mit kaltem Wasser waschen und 30 Min. auf einem Sieb abtropfen lassen. Reis mit 300 ml Wasser aufkochen und die Kochplatte ausschalten. Im geschlossenen Topf 15 Min. quellen lassen. Ein Geschirrtuch zwischen Topf und Deckel legen und weitere 15 Min. quellen lassen.
- Essig, 4 Esslöffel Wasser, Salz und Zucker aufkochen. Abkühlen lassen und den lauwarmen Reis mit dem Essigsud verrühren. Die Garnelenschwänze bis auf die Schwanzspitze vom Panzer befreien. Jeweils 1 Esslöffel Sushireis mit der Hand zu einem daumenlangen Block formen und hauchdünn mit der Wasabipaste bestreichen.
- Auf vier Reishäppchen die Garnelen, auf die übrigen jeweils ein passend zugeschnittenes Stück Fischfilet legen, sodass der Reis bedeckt ist. Mit Schnittlauch garnieren und mit Sojasoße, mariniertem Ingwer und Wasabipaste servieren.

Nährwerte pro Portion

249 kcal / 22 g E / 7,3 g F / 23,9 g KH

Tipp

Die Zutaten erhalten Sie im Asia-Shop, aber auch in gut sortierten Supermärkten, wie z. B. dem Real-Markt. Wenn Sie einen Reiskocher haben, verkürzt sich die Arbeitszeit gewaltig. Reiskocher sind immer wieder für ca. 25 Euro im Angebot.

## Waldpilzrisotto

Im Herbst mit frischen Waldpilzen zubereitet einfach ein Gedicht!

▶ Für 4 Personen

Gelingt leicht 20 Min. + 20 Min. Garzeit

2 Schalotten · 2 – 3 TL gekörnte Fleisch- oder Gemüsebrühe · 2 EL Olivenöl · 200 g Risottoreis · 600 g gemischte Pilze (Steinpilze, Pfifferlinge und Kräutersaitlinge) · 3 EL geriebener Parmesankäse · Rukolablätter zum Garnieren

- Die Schalotten abziehen, waschen und sehr fein würfeln. Die gekörnte Brühe in 400 ml heißes Wasser einrühren.
- Das Olivenöl erhitzen. Schalottenwürfel darin anrösten und den Risottoreis zugeben. Wenn die Schalotten beginnen, braun zu werden, die Gemüsebrühe angießen. Die Temperatur verringern und den Reis 15 – 20 Min. ausquellen lassen.
- Die Pilze verlesen, putzen und waschen. 5. Min. vor Ende der Garzeit in den Reis rühren (Garprobe: Der Reis muss am Holzlöffel kleben bleiben).
- Zum Schluss mit geriebenem Parmesankäse mischen und portionieren. Rukolablätter waschen, trocken tupfen und locker auf dem Risotto verteilen.

Nährwerte pro Portion

285 kcal / 9,9 g E / 9,5 g F / 39,7 g KH

# HAUPTGERICHTE

## Bauernrisotto

Alles aus einem Topf, aber mit viel Aroma – so muss ein Risotto schmecken.

▶ Für 4 Personen

Braucht etwas mehr Zeit ⏲ 1 Std.

1 Zwiebel · 2 Karotten · 1 Stück Sellerie · 1 kleine Stange Lauch · 1 Zucchini · 2 EL Pflanzenmargarine · 8 Sojawürstchen · 10 ml Weißwein · Saft von 1 Zitrone · einige Spritzer Worcestersoße · 250 g Risottoreis (z. B. Arborio) · 1 l Gemüsebrühe · Salz · Pfeffer, frisch gemahlen · 4 Tomaten · 1 EL Soja-Sahneersatz (z. B. Soja Cuisine, Soja Dream, Soja Cream) · 1 Bund Schnittlauch

- Zwiebel abziehen und fein würfeln. Karotten und Sellerie abspülen und schälen. Lauch und Zucchini putzen und abspülen. Das Gemüse in feine Würfel schneiden. Einen Esslöffel Margarine in einem Topf erhitzen und das Gemüse darin andünsten. Sojawürstchen in Scheiben schneiden und dazugeben. Kurz anrösten.
- Den Reis in 1 Esslöffel Margarine glasig dünsten, Weißwein, Zitronensaft und Worcestersoße angießen und unter Rühren 5 Min. köcheln.
- Die Gemüsebrühe zum Kochen bringen und nach und nach zum Reis geben. Bei offenem Deckel, mittlerer Hitze und unter ständigem Rühren kochen lassen. Wird es zu trocken, weitere Brühe dazugeben, bis eine cremige Konsistenz erreicht ist, der Reis aber noch Biss hat.
- Gemüse und Wurst unter das Risotto rühren und mit Salz und Pfeffer abschmecken. Tomaten heiß überbrühen, enthäuten, entkernen und in Würfel schneiden. Zusammen mit dem Soja-Sahneersatz unter das Risotto ziehen. Schnittlauch abspülen, trocken schütteln und in Röllchen schneiden. Vor dem Servieren über das Risotto streuen.

**Nährwerte pro Portion**

700 kcal / 18,4 g E / 41,5 g F / 62,7 g KH

## SO WIRD'S GEMACHT

### Reis perfekt kochen

Reis kochen gilt zu Unrecht als kompliziert. Das Einzige, was Sie zu beachten haben, ist das richtige Verhältnis von Reis zu Flüssigkeit.

**Mit viel Wasser**

Reis in reichlich kochendes Wasser geben (für 250 g Reis etwa 1½ Liter) und zugedeckt 15 bis 20 Min. köcheln lassen. Nach der Kochzeit das Wasser abgießen. Der Reis gelingt garantiert, es werden aber Inhaltsstoffe mit dem Kochwasser weggeschüttet.

**Schonend**

Beim Quellen bleiben Vitamine und Mineralstoffe erhalten, weil der Reis alle Flüssigkeit (Wasser oder Brühe) aufnimmt. Für 1 Tasse Reis braucht man 2 Tassen Wasser. Kurz aufkochen lassen, Herd herunterschalten und den Deckel nicht vergessen.

**Im Backofen**

Mit der Backofen-Methode lassen sich besonders gut Duft- und Basmatireis kochen, also Reissorten, die schnell verkleben. Geben Sie den Reis in einen Topf und füllen Sie genauso viel Wasser hinzu. Bitte nicht rühren (weil sich sonst die Stärke löst und der Reis pappig wird) und kein Salz hinzufügen. Nun einmal aufkochen, Deckel drauf und ab in den 130 Grad heißen Backofen (Umluft 120 Grad). Nach 7 bis 10 Min. ist der Reis luftig, körnig und wunderbar locker.

**Die Risotto-Methode**

Für ein Risotto ist die Reissorte ausschlaggebend. Sie benötigen Rundkornreis – für ein feines italienisches Risotto am besten Arborio oder Carnaroli. Der Reis wird in etwas Olivenöl angedünstet, bis er glasig ist. Unter Rühren schlückchenweise die kochende Brühe angießen – immer dann, wenn alle Flüssigkeit aufgesogen ist. Und nur so lange, bis das Risotto cremig ist, der Reis aber noch Biss hat. Die Konsistenz von Risotto ist sämig, gekochter Reis hingegen trocken und luftig.

## Kokosreis mit roten Bohnen

Klingt verrückt, die Kombination von Reis, Kokos und Bohnen – schmeckt aber super.

▶ Für 4 Personen

**Gelingt leicht** 50 Min.

225 g Basmatireis · 150 g Bacon oder Schinkenspeck · 3 Knoblauchzehen · 2–3 frische Chilischoten · 100 g frische Kokosnuss · 2 EL Öl · 400 ml Kokosnussmilch · 2 Dosen Kidneybohnen · 1 Dose Tomaten (400 g) · Salz · Pfeffer, frisch gemahlen

- Reis in einem Sieb kalt abspülen und abtropfen lassen. Bacon fein würfeln. Knoblauch abziehen und pressen. Chilischoten längs aufschlitzen, entkernen und fein hacken.
- Kokosfleisch in möglichst lange, dünne Späne schneiden und in einer Pfanne ohne Fett goldbraun rösten und beiseitestellen.
- Das Öl erhitzen und Bacon, Knoblauch und Chili darin bei mittlerer Hitze 8 bis 10 Min. anschwitzen. Kokosnussmilch und 200 ml Wasser zum Kochen bringen.
- Reis einrühren, die Temperatur zurückschalten und den Reis zugedeckt ausquellen lassen.
- Bohnen abspülen und zusammen mit dem Bacon und den klein geschnittenen und abgetropften Tomaten unter den Reis heben. Mit Salz und Pfeffer abschmecken, Gemüse heiß werden lassen und vor dem Servieren mit Kokosspänen bestreuen.

**Nährwerte pro Portion**

710 kcal/ 30,3 g E/ 35,6 g F/ 66,9 g KH

## Roter Reis mit Putenstreifen

Hier freuen sich echte Kerle: zartes Putenfleisch in einem scharfen Reisgericht.

▶ Für 2–3 Personen

**Geht schnell** 30 Min.

300 g Putenschnitzel · 2 EL Öl · 150 g Reis (parboiled) · 1 TL Paprika, edelsüß · 300 ml Gemüsebrühe · 1 Paprikaschote · 2 Tomaten · Salz · Pfeffer, frisch gemahlen · Chili, gemahlen

- Fleisch in schmale Streifen schneiden und in 1 Esslöffel Öl scharf anbraten. Beiseitestellen.
- Das restliche Öl erhitzen und den Reis kurz anschwitzen. Paprikapulver hinzugeben und mit der Gemüsebrühe auffüllen.
- Bei milder Hitze ca. 20 Min. ausquellen lassen (ggf. etwas Wasser hinzufügen).
- Paprika und Tomaten abspülen, entkernen und fein würfeln. In den letzten 5 Min. unter den Reis rühren und kurz mitgaren.
- Am Ende der Garzeit das Fleisch unter den Reis heben, erhitzen und das Gericht mit Salz, Pfeffer und Chili abschmecken.

**Nährwerte pro Portion**

593 kcal/ 45,1 g E/ 14,9 g F/ 68 g KH

# Lasagne mit Hackfleisch

Die herzhafte Lasagne genießen Sie am besten zu einem schönen Glas Wein.

- Die Zwiebeln abziehen und fein würfeln. In einer Pfanne das Öl erhitzen und die Zwiebeln darin andünsten. Das Hackfleisch dazugeben, mit Salz und Pfeffer würzen und bei mittlerer Hitze etwa 15 Min. anbraten.
- Die Petersilie abspülen, trocken schütteln und fein hacken. Das Tomatenmark zum Hackfleisch geben und unterrühren. Mit den passierten Tomaten auffüllen. Mit Zucker abschmecken und die Petersilie dazugeben.
- Den Backofen auf 225 Grad (Umluft 200 Grad) vorheizen.
- Eine feuerfeste Form mit etwas Olivenöl einfetten. Von der Hackfleischsoße so viel in die Form füllen, dass der Boden etwa 2 cm hoch bedeckt ist. Eine Lage Lasagneblätter daraufschichten und mit der Soße bedecken. So lange fortfahren, bis die Soße aufgebraucht ist (mit einer Schicht Soße abschließen).
- Die Lasagne ggf. mit Käse bestreuen oder mit Sahneersatz beträufeln. Die Lasagne in den vorgeheizten Backofen stellen, auf 180 Grad (Umluft 160 Grad) zurückschalten und etwa 45 Min. backen.

**Nährwerte pro Portion**

876 kcal / 58,3 g E / 42,8 g F / 63,5 g KH

Tipp

Wenig Zeit oder Lust zu kochen? Hier die schnelle Variante: 600 g Hackfleisch in einer Pfanne in 1 TL milchfreier Margarine anbraten. Maggi-Fix gemäß Anleitung hinzugeben. Wie beim obigen Rezept mit insgesamt 300 g Lasagne-Platten schichten. Über die letzte Schicht 250 ml Sojasahne geben und im 180 Grad heißen Backofen (Umluft 160 Grad) auf der mittleren Schiene etwa 45 Min. backen.

▶ **Für 4 Personen**

**Braucht etwas mehr Zeit**

**1½ Std.**

2 Zwiebeln
2 EL Olivenöl
800 g Rinderhackfleisch
Salz
Pfeffer, frisch gemahlen
1 Bund Petersilie
150 g Tomatenmark
800 g passierte Tomaten
Zucker
300 g Lasagneplatten ohne Ei (z. B. von Buitoni)
150 g Schafskäse (falls er vertragen wird) oder Soja-Sahneersatz (z. B. Soja Cuisine, Soja Dream, Soja Cream)

## Bandnudeln mit Champignons

Ihre Gäste werden es kaum glauben, dass die cremige Pilz-Weißwein-Soße keine herkömmliche Sahne enthält.

▶ Für 4 Personen

Gelingt leicht ⏲ 30 Min.

2 Zwiebeln · 1 Knoblauchzehe · 300 g Champignons · 2 TL Margarine (milchfrei) · 400 g Bandnudeln (eifrei) · Salz · 1 EL Mehl · 100 ml Weißwein · 100 ml Soja-Sahneersatz (z. B. Soja Cuisine, Soja Dream, Soja Cream) · 1/4 l Gemüsebrühe · weißer Pfeffer · 1/2 Bund Petersilie

- Die Zwiebeln abziehen und in Ringe schneiden. Die Knoblauchzehe abziehen und zerdrücken. Champignons mit einem feuchten Tuch abreiben, putzen und in Scheiben schneiden.
- Margarine erhitzen und die Zwiebelringe darin andünsten. Champignons und Knoblauch dazugeben.
- Bandnudeln in reichlich Salzwasser al dente kochen. Nach 2 bis 3 Min. das Mehl zu den Champignons geben, leicht anschwitzen und mit Weißwein, Sahneersatz und Gemüsebrühe ablöschen. Salzen und pfeffern. 8 bis 10 Min. zugedeckt köcheln lassen.
- Petersilie abspülen, trocken schütteln und hacken. Die Nudeln abgießen, mit der Champignonsoße vermengen und mit der gehackten Petersilie bestreuen.

**Nährwerte pro Portion**

495 kcal/ 20 g E/ 9,7 g F/ 76,8 g KH

## SO WIRD'S GEMACHT

### Die hohe Kunst des Nudelkochens

Öl ins Wasser oder lieber nicht? Abschrecken: ja oder nein? Wenn es um Pasta geht, scheiden sich die Geister.

- Wasser: Pro 100 g Nudeln brauchen Sie 1 Liter Wasser. Bei weniger Wasser kann sich die Stärke nicht lösen – die Pasta wird pappig.
- Salz: 10 g Salz (1 TL) für 100 g Nudeln.
- Öl: Die Nudeln im kochenden Wasser gründlich umrühren. Kein Öl zufügen – dies macht sie rutschig, das bedeutet, dass die Soße schlecht an ihnen haftet.
- Garzeit: Je nach Größe und Dicke der Nudeln variiert die Garzeit. Wichtig: Sie gilt nicht ab dem Moment, wenn die Nudeln im Wasser sind, sondern erst dann, wenn das Wasser wieder kocht.
- Servieren: Nudeln nicht abtropfen lassen – sie werden sonst trocken und kleben zusammen. Besser: Schnell in ein Sieb schütten und mit dem anhaftenden Wasser zur Soße geben. Alles gut vermischen und dampfend heiß in einer möglichst vorgewärmten Schüssel servieren.

## Grüne Bandnudeln mit Krabben

Ganz einfach und doch etwas Besonderes.

▶ Für 4 Personen

**Geht schnell** ⏲ **20 Min.**

200 g grüne Bandnudeln (eifrei) · Salz · 800 g Champignons · Saft von 2 Zitronen · 200 g Krabben, küchenfertig · weißer Pfeffer · 1 Bund Schnittlauch

- Nudeln in reichlich Salzwasser al dente kochen.
- Champignons mit einem feuchten Tuch abreiben, putzen und die Stiele entfernen. Je nach Größe vierteln oder in Scheiben schneiden.
- Die Pilze mit dem Zitronensaft beträufeln. Ohne Fett in einer beschichteten Pfanne ca. 3 Min dünsten. Krabben zufügen und 2 Min. mitgaren. Mit Salz und Pfeffer würzen.
- Nudeln abgießen und zu den Pilzen und Krabben in die Pfanne geben. Kurz schwenken.
- Schnittlauch abbrausen, trocken schütteln und in feine Röllchen schneiden. Bandnudeln vor dem Servieren mit Schnittlauchröllchen bestreuen.

**Nährwerte pro Portion**

260 kcal/ 20,1 g E/ 2,6 g F/ 38 g KH

## Tomaten-Sugo

Eine aromatisch-fruchtige Soße zu Nudeln.

▶ Für 4 Personen

**Geht schnell** ⏲ **20 Min.**

1 Knoblauchzehe · 2½ EL Olivenöl · 750 g Kirschtomaten · Salz · Pfeffer, frisch gemahlen · Zucker · 1 Bund Basilikum

- Knoblauchzehe abziehen. Olivenöl in einem Topf erhitzen. Knoblauchzehe hineingeben und dünsten, bis sie »blond« ist.
- Die Tomaten abspülen und halbieren. Tomaten in das heiße Öl geben und 5 Min. unter Rühren dünsten. Mit Salz, Pfeffer und Zucker abschmecken.
- Das Basilikum abspülen, trocken schütteln und fein schneiden. Kurz vor dem Servieren unter die Soße rühren.

**Nährwerte pro Portion**

109 kcal/ 1,9 g E/ 7,9 g F/ 7,3 g KH

▶ **Variante**

Fügen Sie der Tomatensoße nach Belieben 2 Esslöffel angeröstete Pinienkerne, eine entkernte Chilischote oder ein paar in Öl eingelegte Sardellen hinzu.

# So wird's gemacht: Soffritto zubereiten

In der Soße bolognese steckt das Geheimnis, das italienische Soßen so unvergleichlich lecker macht – es heißt Soffritto. Für diese Gemüsemischung werden Sellerie, Karotten und Zwiebeln sehr fein gewürfelt und im heißen Olivenöl hellbraun geröstet. Nach Belieben können Sie Rosmarin, Thymian oder Lorbeer hinzufügen oder auch Pancetta, einen luftgetrockneten gerollten Bauchspeck. Soffritto eignet sich auch für Linsen- oder Bohnengerichte.

Für das Soffritto die Karotten schälen, die Staudensellerie entfädeln.

Das Gemüse zuerst in feine, etwa 2 – 3 mm dicke Streifen schneiden.

Die Gemüsestreifen in Bündel eng zusammenlegen und mit einem scharfen Messer in feine Würfelchen schneiden.

Im heißen Olivenöl in einem gusseisernen Topf langsam – mindestens 15 Min. – anrösten.

## Soße bolognese

Eine der wohl beliebtesten Kinderspeisen.

▶ Für 4 Personen

**Braucht etwas mehr Zeit** ⏲ **1 Std.**

2 Zwiebeln · 2 Karotten · 1 Stange Staudensellerie · 3 EL Olivenöl · 2 – 3 Knoblauchzehen · 400 g Rinderhackfleisch · 100 g Pancetta (italienischer Bauchspeck) oder Schinkenwürfel · 300 ml Rotwein · 1 Dose Tomaten · 1 Lorbeerblatt · 2 Nelken · Salz · Pfeffer, frisch gemahlen · Zucker · 1 Bund Oregano

- Aus Zwiebeln, Karotten und Staudensellerie ein Soffritto zubereiten (siehe links). Knoblauch abziehen, würfeln und hinzufügen.
- In einer schweren Eisenpfanne das restliche Olivenöl erhitzen und das Hackfleisch krümelig anbraten. Pancetta würfeln und hinzufügen. Wenn sich eine dünne Schicht am Boden abgesetzt hat, mit 200 ml Rotwein ablöschen und einkochen, bis die Flüssigkeit verdampft ist.
- Die Tomaten samt ihrer Flüssigkeit zum Hackfleisch geben und auch das Röstgemüse unterrühren. Lorbeerblatt, Nelken und etwa 100 ml Wasser hinzufügen. Mindestens 45 Min. kochen lassen und ab und zu mit dem restlichen Wein aufgießen.
- Mit Salz, Pfeffer und einer kräftigen Prise Zucker würzen. Oregano abspülen, trocken schütteln und die Blättchen von den Stielen zupfen. Kurz vor dem Servieren unter die Soße rühren. Nelken und Lorbeerblatt aus der Soße entfernen.

**Nährwerte pro Portion**

567 kcal / 21,8 g E / 45,1 g F / 9,2 g KH

## Kräftige Bohnensuppe

Da wird einem im Winter schön warm ums Herz.

▶ Für 4 Personen

**Preisgünstig** ⏲ **45 Min.**

300 g Kartoffeln · 1 Bund Suppengemüse · 2 Zwiebeln · 1 Knoblauchzehe · 1 TL Margarine (milchfrei) · 1 l Brühe · 600 g grüne Bohnen (TK) · 1 Zweig Bohnenkraut · 4 Kochwürste · 150 ml Soja-Sahneersatz (z. B. Soja Cuisine, Soja Dream, Soja Cream) · Salz · Pfeffer, frisch gemahlen

- Kartoffeln schälen. Suppengemüse putzen und abspülen. Kartoffeln, Karotten und Sellerie in mundgerechte Stücke teilen. Den Lauch in feine Ringe schneiden. Zwiebeln und Knoblauchzehe abziehen und fein würfeln.
- Kartoffeln, Gemüse, Zwiebeln und Knoblauch im heißen Fett andünsten.
- Brühe und Bohnen hinzufügen, die Blättchen des Bohnenkrauts abzupfen und ebenfalls dazugeben. Alles so lange garen, bis die Bohnen weich sind (etwa 15 Min.).
- Wurst in Scheiben schneiden und in der Suppe kurz erwärmen. Sahneersatz unter die Suppe rühren und mit Salz und Pfeffer abschmecken.

**Nährwerte pro Portion**

361 kcal / 21,9 g E / 21,8 g F / 19,1 g KH

## Bunte Suppe mit Rindfleisch

Die bunte Suppe schmeckt allen, die es gerne deftig und auch etwas schärfer mögen.

▶ Für 4–6 Personen

**Gut vorzubereiten** ⏲ **2 Std.**

750 g Tafelspitz · 2 Zwiebeln · 10 Wacholderbeeren · 3 Nelken · 3 Lorbeerblätter · 750 g Kartoffeln · 2 Dosen Mais · 1 Chilischote · 2 rote Paprikaschoten · 1 große Dose Tomaten · Salz · Pfeffer, frisch gemahlen · Paprika, edelsüß

- Tafelspitz in 1½ Liter Wasser zum Kochen bringen und den anfangs aufsteigenden Schaum regelmäßig abschöpfen.
- Die Zwiebeln abziehen und vierteln. Mit den Wacholderbeeren, Nelken und Lorbeer zum Fleisch geben. Bei milder Hitze 1½ bis 2 Stunden garen.
- Die Kartoffeln abspülen und in der Schale kochen. Mais abtropfen. Chili- und Paprikaschoten abspülen, entkernen und fein würfeln. Kartoffeln pellen und würfeln.
- Nach dem Ende der Garzeit Fleisch, Lorbeer, Wacholder und Nelken aus der Brühe nehmen. Chili, Paprika und Tomaten samt Flüssigkeit dazugeben und 10 Min. in der Brühe garen.
- Kartoffeln und Mais hinzufügen und aufkochen. Das Fleisch würfeln und in der Suppe erwärmen. Kräftig mit Salz, Pfeffer und Paprika würzen.

**Nährwerte pro Portion**

379 kcal / 31,3 g E / 12,6 g F / 33,4 g KH

*Tipp*

Sorgen Sie für ausreichend Brot zum Löschen. Falls Sie nicht gerne scharf essen, können Sie getrost die Chilischote weglassen.

## Gulaschsuppe

Mit einem leckeren Stück Bauernbrot ein deftiges Vergnügen.

▶ Für 4 Personen

**Gut vorzubereiten** ⏲ **1 Std.**

1 große Zwiebel · 2 EL Schweineschmalz · 1 Paprikaschote · 2 Tomaten · 250 g Rinderfilet · Salz · Paprika · 2 EL Mehl · 1 Tasse Kartoffeln, gekocht · Pfeffer, frisch gemahlen · Kümmel, gemahlen · Majoran, getrocknet

- Die Zwiebel abziehen, würfeln und in einer Kasserolle im heißen Schmalz hellgelb rösten. Paprikaschote abspülen und entkernen. Tomaten abspülen. Beides in kleine Würfel schneiden.
- Fleisch kalt abspülen, trocken tupfen und in mundgerechte Würfel schneiden.
- Fleisch, Tomaten und Paprika zu den Zwiebeln geben. Salzen und scharf anbraten, bis der Saft verdunstet ist.
- Mit Paprikapulver und Mehl bestreuen, ablöschen und mit 1 l Wasser auffüllen. Die tags zuvor gekochten Kartoffeln würfeln und in die Suppe geben. Mit Pfeffer, Salz, Kümmel und Majoran abschmecken.

**Nährwerte pro Portion**

261 kcal / 16,5 g E / 13,1 g F / 18,9 g KH

## Paprikatopf

Hier ist alles drin, was man zu einem guten Essen braucht.

▶ Für 4 Personen

**Gelingt leicht** ⏲ **45 Min.**

3 Zwiebeln · 2 Stangen Lauch · 3 rote Paprikaschoten · 500 g Kartoffeln · 4 Krakauer Würstchen · ½ Bund Petersilie · Salz · Pfeffer, frisch gemahlen

- Zwiebeln abziehen, Lauch putzen und abspülen. Beides in Ringe schneiden. Paprika entkernen und in Streifen schneiden. Kartoffeln schälen und in mundgerechte Würfel schneiden.
- Einen dreiviertel Liter Wasser zum Kochen bringen und das vorbereitete Gemüse und die Kartoffeln darin etwa 20 Min. kochen.
- Würstchen in Scheiben schneiden, hinzufügen und heiß werden lassen.
- Petersilie abspülen, trocken schütteln und hacken. Den Paprikatopf mit Salz und Pfeffer abschmecken und mit gehackter Petersilie bestreut servieren.

**Nährwerte pro Portion**

410 kcal / 18,8 g E / 24,8 g F / 27,2 g KH

## Provenzalische Hühnersuppe

In dieser Suppe steckt das Aroma Südfrankreichs: frischer Fenchel, Kräuter, Knoblauch und ein Schuss Pernod.

▶ Für 4 Personen

Braucht etwas mehr Zeit   1½ Std. + 8 Std. Kühlzeit

2 große Zwiebeln · 4 Knoblauchzehen · 500 g Fenchelknollen · 3 EL Olivenöl · 80 ml Ricard oder Pernod · 1 Prise Safran · 2 Zweige Thymian oder 1 TL getrockneter Thymian · 4 Lorbeerblätter · 4 EL Tomaten (aus der Dose) · Salz · Pfeffer, frisch gemahlen · 4 Hähnchenschenkel · 500 ml Hühnerbouillon · 500 g Kartoffeln

- Am Abend vor dem Mittagessen (bzw. am Morgen vor dem Abendessen) Zwiebeln und Knoblauch abziehen und vierteln. Fenchel putzen, abspülen und in grobe Stücke schneiden.
- Zwiebeln, Knoblauch und Fenchel (samt Grün) mit Olivenöl, Ricard, Safran, Thymianzweigen, Lorbeerblättern, den Tomaten, etwas Salz und dem Pfeffer in eine Kasserolle mit Deckel geben. Alles sorgfältig vermischen.
- Die Hähnchenschenkel enthäuten, ein paar Mal in der Gemüsemischung wenden und in diesem Bett liegen lassen. Mit dem Deckel verschließen und für mindestens 8 Stunden in den Kühlschrank stellen.
- Etwa 2 Stunden vor dem Essen die Kasserolle aus dem Kühlschrank nehmen und 1 Stunde bei Zimmertemperatur stehen lassen. Die Hühnerbouillon hinzufügen. Den Topf zugedeckt bei Mittelhitze auf die Herdplatte stellen und 30 Min garen. Ab und zu umrühren und eventuell die Temperatur zurückschalten, wenn es zu stark kocht.
- Die Kartoffeln schälen und vierteln und der Suppe hinzufügen. Nach weiteren 30 Min. sollten die Kartoffeln gar sein. Mit Salz und Pfeffer abschmecken.

Nährwerte pro Portion

541 kcal/ 40,5 g E/ 30,7 g F/ 21,7 g KH

## Bouillabaisse

Sie erwarten Fisch- und Meeresfrüchtefans zum Essen? Dann muss eine echte Bouillabaisse auf den Tisch!

▶ Für 4 Personen

Braucht etwas mehr Zeit   45 Min.

1 Zwiebel · 1½ Stangen Staudensellerie · 1 EL Olivenöl · 2 Tomaten · ½ Orange · ½ Zitrone · 400 ml Fischfond · 2 EL Tomatenmark · 150 ml trockener Weißwein · 1 Knoblauchzehe · 1 TL Margarine (milchfrei) · Zucker · Salz · ¼ TL Kräuter der Provence · ¼ TL Cayennepfeffer · 2 große Prisen Safran · 250 g Heilbuttfilet · 2 kleine Hummerschwänze · 250 g Krabben oder Shrimps · 4 Jakobsmuscheln

- Zwiebel abziehen, in dünne Ringe schneiden. Sellerie abspülen, putzen und fein hacken. Beides in heißem Olivenöl 5 Min. anschwitzen. Gelegentlich umrühren.
- Die Tomaten heiß überbrühen, häuten und in kleine Würfel schneiden.
- Die Orange und die Zitrone schälen. Die Orange zur Hälfte in dünne Scheiben schneiden, von der Zitrone nur zwei dünne Scheiben abschneiden. Orangen- und Zitronenscheiben und alle Zutaten bis auf den Fisch und die Meeresfrüchte zugedeckt 15 bis 20 Min. köcheln lassen, bis die Suppe leicht andickt.
- Heilbutt in 5 cm lange Streifen schneiden. Hummerschwänze der Länge nach halbieren und aus der Schale lösen. Die Jakobsmuscheln halbieren oder vierteln. Fisch und Meeresfrüchte in die Brühe geben, dabei die festeren Stücke am Rand platzieren.
- Zugedeckt etwa 8 Min. kochen, dabei einmal vorsichtig umrühren. Vor dem Servieren 5 Min. stehen lassen.

Nährwerte pro Portion

289 kcal/ 33,8 g E/ 8,6 g F/ 11,1 g KH

▶ Bouillabaisse

## Brathähnchen

Der Klassiker unter den Hähnchengerichten.

▶ Für 4 Personen

**Gelingt leicht** ⏲ 1 Std.

1 Hähnchen · Salz · Pfeffer, frisch gemahlen · 1 EL Margarine (milchfrei) · 1 Zweig Petersilie · 2 EL Olivenöl · 1 Zwiebel · 1 Karotte · 1/4 l Fleischbrühe

- Das Hähnchen kalt abspülen, trocken tupfen und innen und außen mit Salz und Pfeffer einreiben.
- Herz und Leber abspülen, trocken tupfen und mit der Petersilie und der Margarine durch die Halsöffnung ins Hähnchen schieben. Die Öffnung zunähen oder zustecken.
- Zwiebel abziehen und vierteln, Karotte schälen und in Stücke schneiden. Öl in einem Bräter erhitzen und Hähnchen, Zwiebeln und Karotten darin anbraten. Das Hähnchen sollte die ersten 20 Min. auf der Brust und erst in der zweiten Hälfte der Bratzeit auf dem Rücken liegen, damit das Brustfleisch nicht trocken wird.
- Die Garzeit richtet sich nach dem Alter des Hähnchens: 2 bis 3 Monate alte Hähnchen sollten etwa 45 Min., 3 bis 6 Monate alte bis 60 Min. garen. Das Fleisch bleibt schön saftig, wenn Sie das Hähnchen regelmäßig mit dem Bratensaft übergießen.
- Um festzustellen, ob es gar ist, sticht man mit der Messerspitze in die dickste Stelle der Keule. Tritt klarer Fleischsaft aus, ist das Hähnchen gar.
- Hähnchen herausnehmen, den Bratenansatz loskratzen, heiße Fleischbrühe angießen und aufkochen lassen. Vor dem Servieren die Soße passieren.

**Nährwerte pro Portion**

653 kcal / 66,4 g E / 42,4 g F / 2,0 g KH

▶ Variante

Mit Speck: Das Hähnchen wird vor dem Braten mit dünn geschnittenem Speck umwickelt. Vor dem Anrichten die Speckscheiben wieder entfernen.

## Mediterrane Hähnchenkeulen

Knoblauch und sommerliches Gemüse verleihen den Hähnchenkeulen das Aroma der mediterranen Küche.

▶ Für 4 Personen

**Gut vorzubereiten** ⏲ 1 Std.

8 Hähnchenkeulen · Salz · Pfeffer, frisch gemahlen · Paprika, edelsüß · 4 EL Öl · 350 g Paprikaschoten · 1 großer Zucchino · 2 Bund Lauchzwiebeln · 250 g Kirschtomaten · 1 Knoblauchzwiebel · 100 ml Weißwein

- Hähnchenkeulen kalt abspülen, trocken tupfen und mit Salz, Pfeffer und Paprika einreiben. Öl in einen Bräter geben, die Hühnerschenkel hineinlegen und im 200 Grad heißen Backofen (Umluft 180 Grad) 15 Min. braten.
- Inzwischen Paprikaschoten abspülen, entkernen und oder vierteln. Zucchini und Lauchzwiebeln abspülen, putzen und in grobe Stücke schneiden.
- Zwei kleine Knoblauchzehen von der Knolle abbrechen, abziehen und in dünne Scheiben schneiden. Von der übrigen ganzen Knoblauchknolle die welken Blätter entfernen und sie dann waagerecht durchschneiden. Zusammen mit den Knoblauchscheibchen und der Paprika zu den Hähnchenkeulen geben. Etwa 10 Min. schmoren lassen. Dabei nach und nach den Wein über die Hähnchenkeulen gießen.
- Zucchinistücke, Lauchzwiebeln und Kirschtomaten in den Bräter geben und weitere 20 Min. garen. Vor dem Servieren mit Salz und Pfeffer abschmecken.

**Nährwerte pro Portion**

711 kcal / 58,1 g E / 46,5 g F / 11,1 g KH

*Tipp*

Das Gericht eignet sich auch gut für eine Zubereitung im Römertopf. Dafür die Hähnchenkeulen in den gewässerten Römertopf geben und in den nicht vorgeheizten Ofen stellen. Vor der Zugabe von Knoblauch und Paprika muss das Fleisch dann etwa 45 Min. garen.

## Amaretto-Hähnchen

Man wird Sie lieben für die Orangen-Amaretto-Soße.

▶ Für 4 Personen

**Gelingt leicht** 45 Min.

3 Hähnchenbrustfilets · Salz · Pfeffer, frisch gemahlen · 2 TL Paprika, edelsüß · 2 EL Mehl · 1 EL Olivenöl · 2 EL Margarine (milchfrei) · 1 Knoblauchzehe · ½ Tasse Amaretto · 200 ml Orangensaft · 1 EL Dijon-Senf

- Filets kalt abspülen, trocken tupfen und mit Salz, Pfeffer und Paprika einreiben. Anschließend in Mehl wenden.
- Öl und Margarine in einer Pfanne erhitzen. Die Knoblauchzehe abziehen, vierteln und für 3 Min. im nicht zu heißen Fett schwenken. Anschließend herausnehmen.
- Die Filets bei starker Hitze von allen Seiten anbraten und in eine Auflaufform oder Kasserolle legen.
- Amaretto, Orangensaft und Dijon-Senf in die Pfanne geben und den Bratensatz loskochen. Soße über die Filets geben und bei 175 Grad (Umluft 150 Grad) im Backofen für 30 Min. mit Alufolie abgedeckt backen.

**Nährwerte pro Portion**

319 kcal/ 28,4 g E/ 10,3 g F/ 17,7 g KH

## Hähnchen-Rouladen mit Spinat

Schnell zubereitet und ein echter Hingucker.

▶ Für 4 Personen

**Geht schnell** ⏲ 25 Min.

4 Hähnchenbrustfilets · Salz · Pfeffer, frisch gemahlen · 1 Knoblauchzehe · 150 g TK-Blattspinat · 1 EL Olivenöl · 1 TL Soja-Sahneersatz (z. B. Soja Cuisine, Soja Dream, Soja Cream) · ½ TL Senf · 1 TL Semmelbrösel (milchfrei)

- Die Hähnchenbrustfilets leicht anfrieren; so lassen sie sich besonders dünn aufschneiden. Jedes Filet in zwei bis drei dünne Scheiben schneiden. Von beiden Seiten mit Salz und Pfeffer einreiben. Knoblauch abziehen und fein hacken.
- Blattspinat in Olivenöl andünsten und den Knoblauch zufügen. Sahneersatz, Senf und Semmelbrösel untermischen. Abkühlen lassen und kräftig mit Salz und Pfeffer abschmecken.
- Die Spinatmasse auf das Fleisch streichen, aufrollen und mit Holzspießen zusammenstecken. Im heißen Öl bei mittlerer Hitze von allen Seiten etwa 15 Min. braten. Vor dem Servieren aufschneiden und auf Salat anrichten.

**Nährwerte pro Portion**

196 kcal / 36,8 g E / 4,4 g F / 1,9 g KH

◀ Hähnchen-Rouladen mit Spinat

## Ananas-Hähnchen

Wer hätte gedacht, was man aus Hähnchen alles machen kann?

▶ Für 4 Personen

**Preisgünstig** ⏲ 50 Min.

1 Hähnchen · Salz · Pfeffer, frisch gemahlen · 4 EL Öl · 3 Zwiebeln · 3 Knoblauchzehen · 1 Dose Tomaten (400 g) · 1 TL Oregano, getrocknet · abgeriebene Schale von 1 Zitrone · 2 EL Rosinen · 1 kg frische Ananas (oder 1 große Dose) · 4 EL Rum

- Hähnchen kalt abspülen, trocken tupfen, vierteln und mit Salz und Pfeffer einreiben. Im erhitzten Öl rundum knusprig anbraten und herausnehmen.
- Zwiebeln und Knoblauch abziehen, hacken und im Bratfett kurz andünsten.
- Tomaten etwas zerkleinern und samt Saft hinzufügen. Oregano, Zitronenschale sowie Rosinen dazugeben, 2 Min. köcheln lassen. Hähnchenteile in die Soße legen und etwa 35 Min. schmoren.
- Ananas schälen, den Strunk entfernen und das Fruchtfleisch in Stücke schneiden. In einem Topf 5 Min. im eigenen Saft köcheln lassen. Mit Rum abschmecken und unter die Soße mischen.

**Nährwerte pro Portion**

679 kcal / 51,9 g E / 36,5 g F / 28,6 g KH

## Curry-Hähnchen

Für alle, die es asiatisch mögen und Curry gut vertragen.

▶ Für 2 Personen

**Geht schnell** ⏲ 20 Min.

½ gebratenes Hähnchen (vom Imbiss, s. Seite 72) · 2 EL Curry · 2 TL Margarine (milchfrei) · 1 Zwiebel · 2 Äpfel · 1 EL Tomatenmark · 1 EL Mehl · 300 ml Hühnerbrühe · 1 TL Zitronensaft · Pfeffer, frisch gemahlen · Zucker · Salz

- Hähnchenfleisch von den Knochen lösen, in Stücke teilen und mit 1 Esslöffel Curry bestreuen. Margarine in der Pfanne erhitzen, Teile hineingeben und kurz anbraten; dann herausnehmen und beiseitestellen.
- Die Zwiebel abziehen, die Äpfel vom Kerngehäuse befreien, schälen und beides würfeln.
- Äpfel- und Zwiebelwürfel in die Pfanne geben und 5 Min. unter Rühren anbraten. Tomatenmark einrühren, Mehl und den restlichen Curry darüberstreuen und die Hühnerbrühe dazugeben.
- 10 Min. schmoren lassen. Mit Zitronensaft, Pfeffer, Zucker und Salz abschmecken. Das Fleisch in die Soße geben und heiß werden lassen.

**Nährwerte pro Portion**

631 kcal / 64 g E / 29,3 g F / 27,4 g KH

▶ **Das passt dazu**

Reis, Baguette und Gurkensalat.

## Puten-geschnetzeltes

Lecker und kalorienarm.

▶ Für 2 – 3 Personen

**Geht schnell** ⏲ 20 Min.

100 g Schalotten · 2 EL Öl · 500 g Putenbrust · 2 EL Curry · 1½ EL Mehl · Salz · Pfeffer, frisch gemahlen · ¼ l Gemüsebrühe · 250 ml Soja-Sahneersatz (z. B. Soja Cuisine, Soja Dream, Soja Cream) · 2 Sternfrüchte

- Schalotten abziehen, vierteln und in Öl glasig dünsten. Putenfilet kalt abspülen, trocken tupfen, in Streifen schneiden und anbraten.
- Curry und Mehl über das Fleisch geben und kurz anschwitzen.
- Mit Gemüsebrühe und Sahneersatz ablöschen, mit Salz und Pfeffer würzen. 2 bis 3 Min. kochen lassen.
- Sternfrüchte abspülen, in fünf Teile schneiden, entkernen und in Scheiben schneiden. Zum Schluss unter die Soße heben.

**Nährwerte pro Portion**

486 kcal / 56,4 g E / 20,2 g F / 18,9 g KH

## Putenschnitzel in Zwiebelsoße

Ein tolles Gericht, wenn Gäste kommen.

▶ 4 Personen

**Gut vorzubereiten | Achtung: Produkt enthält Laktose** ⏲ 35 Min.

2 Beutel »Zwiebelsuppe« (Maggi) · 500 ml Soja-Sahneersatz (z. B. Soja Cuisine, Soja Dream, Soja Cream) · 1 TL Margarine (milchfrei) · 500 g Putenschnitzel oder Hähnchenbrust

- Das Zwiebelsuppen-Pulver in den Sahneersatz einrühren. Eine Auflaufform einfetten und die Putenschnitzel hineingeben.
- Die Zwiebelmasse darübergießen und das Ganze ca. 30 Min. bei 175 Grad (Umluft 160 Grad) im Backofen überbacken.

**Nährwerte pro Portion**

487 kcal / 58 g E / 24,5 g F / 6,1 g KH

▶ Das passt dazu

Salzkartoffeln, Kartoffelauflauf oder Rösti.

## Kartoffel-Hähnchen-Pfanne

Wenn es schnell gehen soll und der Hunger groß ist.

▶ Für 2 – 3 Personen

**Geht schnell** ⏲ 15 Min.

500 g Kartoffeln · 2 gegrillte halbe Hähnchen (vom Imbiss) · 1 TL Margarine (milchfrei) · Salz · Pfeffer, frisch gemahlen · Paprika

- Die Kartoffeln schälen, in Würfel schneiden und so lange in Salzwasser kochen, bis sie gar, aber noch bissfest sind.
- Haut und Fleisch der Grillhähnchen lösen und in nicht zu kleine Stücke schneiden oder zupfen.
- Wenn die Kartoffeln gar sind, abgießen und zusammen mit dem Hähnchenfleisch in einer Pfanne mit etwas Margarine anbraten. Mit Pfeffer, Salz und Paprika abschmecken.

**Nährwerte pro Portion**

583 kcal / 59,7 g E / 29,2 g F / 19,8 g KH

▶ Wichtig:

Wenn Sie Grillhähnchen am Imbiss kaufen, fragen Sie immer, womit sie gewürzt wurden. Es gibt durchaus Händler, die ihre Hähnchen mit Butter bestreichen.

# Ente mit Apfel-Zwiebel-Füllung

Es gibt keinen Grund, sich nicht an die gefüllte Ente zu wagen.
Die Zubereitung ist kinderleicht, Sie brauchen nur etwas Geduld.

- Ente innen und außen kalt abspülen und trocken tupfen. Speisewürze, etwas Salz, Pfeffer und Öl verrühren und die Ente innen und außen damit einreiben. Rosmarin abspülen, trocken schütteln und die Nadeln von den Stielen zupfen. Etwa ⅓ zu Seite stellen.
- 1 Zwiebel und 1 Apfel ebenfalls zur Seite legen. Restliche Zwiebeln abziehen und in dünne Ringe schneiden. Restliche Äpfel abspülen, vierteln, vom Kerngehäuse befreien und in grobe Stücke schneiden.
- Das Brötchen würfeln. Die Hälfte des Schmalzes erhitzen, Zwiebelringe darin glasig dünsten. Brotwürfel und Rosmarin zugeben. Pfanne vom Herd nehmen, Apfelstücke unterheben, mit Salz und Pfeffer abschmecken.
- Die Masse in die Ente füllen, zustecken und die Ente mit Küchengarn in Form bringen. Die übrige Zwiebel abziehen und vierteln. Die Karotte schälen und in grobe Stücke schneiden. Die Lauchstange putzen, abspülen und in breite Streifen schneiden. Den Apfel achteln und das Kerngehäuse entfernen.
- Das restliche Schmalz in einem Bräter erhitzen und die Ente rundherum darin anbraten. Das Gemüse und den Apfel zugeben, kurz anschwitzen und mit dem Wein ablöschen. Den geschlossenen Bräter auf der unteren Schiene in den Backofen schieben und die Ente etwa 2 Stunden bei etwa 160 Grad (Umluft etwa 145 Grad) braten.
- Die gegarte Ente im abgeschalteten Backofen warm halten. Vom Bratenfond das überschüssige Fett abschöpfen. Den Fond pürieren, durch ein Sieb streichen und mit Sahneersatz verfeinern. Ente tranchieren und getrennt zur Soße reichen.

▶ Für 4 Personen
Braucht etwas mehr Zeit
3 Std.

1 Flugente, küchenfertig (ca. 3 kg)
3 EL flüssige Speisewürze
Salz
Pfeffer, frisch gemahlen
2 EL Öl
1 Bund Rosmarin
500 g Zwiebeln
750 g Äpfel
1 Brötchen, altbacken (milch- und eifrei)
2 EL Schmalz
Küchengarn
1 Karotte
1 Stange Lauch
¼ l trockener Weißwein
2 EL Soja-Sahneersatz (z. B. Soja Cuisine, Soja Dream, Soja Cream)

**Nährwerte pro Portion**
905 kcal / 53,2 g E / 56,7 g F / 34,9 g KH

▶ **Das passt dazu**
Rotkohl und Kartoffeln.

Tipp
Die Ente gelingt Ihnen am besten, wenn Sie ein sogenanntes Bratenthermometer einsetzen. Damit können Sie die Kerntemperatur messen, die ungefähr bei 90 Grad liegen sollte – so bleibt die Ente schön saftig und wird außen herrlich knusprig.

# Entengeschnetzeltes »süß-sauer«

Holen Sie sich Ihr China-Restaurant einfach nach Hause:
Die zarte Ente schmeckt in der süß-sauren Soße original asiatisch.

▶ Für 4 Personen
Gelingt leicht ⏲ 25 Min.

- 400 g Karotten
- 1 Staude Stangensellerie
- 2 Entenbrüste à 300 g
- 3 EL Olivenöl
- Salz
- Pfeffer, frisch gemahlen
- 1 große Dose Ananas
- 250 ml chinesische süß-saure Soße
- 2 gestrichene EL Speisestärke

- Die Karotten schälen und in Scheiben schneiden. Sellerie putzen, abspülen und das Grün beiseitelegen. Sellerie schräg in Scheiben schneiden. Entenbrüste kalt abspülen, trocken tupfen und in ca. 1 cm dicke Scheiben schneiden.
- Olivenöl erhitzen. Entenbrust darin portionsweise knusprig braun anbraten. Mit Salz und Pfeffer würzen und aus der Pfanne nehmen. Karotten und Selleriescheiben ins Bratfett geben und andünsten.
- Ananas abtropfen lassen und den Saft dabei auffangen. Gemüse mit der chinesischen Soße und ⅔ des Ananassaftes ablöschen, aufkochen und etwa 5 Min. köcheln lassen.
- Stärke mit dem übrigen Ananassaft glatt rühren, tropfenweise in die Soße geben und erneut aufkochen lassen. Ananasscheiben halbieren, mit der Entenbrust zum Gemüse geben und kurz erwärmen. Entengeschnetzeltes mit dem Selleriegrün garniert servieren.

**Nährwerte pro Portion**
754 kcal / 29,1 g E / 32,5 g F / 82,7 g KH

▶ **Das passt dazu**
Basmati- oder Wildreis.

Tipp

Süß-saure Soße bekommen Sie in jedem asiatischen Lebensmittelladen und in großen, gut sortierten Supermärkten. Die Gläser finden Sie dort meist bei den ausländischen Lebensmitteln. Sie können die Soße aber auch selbst machen: 150 ml Hühnerbrühe, 1 Esslöffel Sojasoße, ½ Teelöffel Salz, ½ Teelöffel Reiswein- oder Apfelessig, 1 Esslöffel Zucker und 1 Esslöffel Tomatenmark gut miteinander mischen und aufkochen. 1 EL Stärke mit 1 Esslöffel Wasser verrühren, tropfenweise in die Soße einrühren, aufkochen und köcheln lassen, bis die gewünschte Konsistenz erreicht ist.

## Frikadellen

Frikadellen sind bei jedem Picknick beliebt.

▶ Für 4 Personen

**Preiswert** ⏱ **30 Min.**

2 Scheiben trockenes Weißbrot oder 1 trockenes Brötchen (milch- und eifrei) · 2 kleine Zwiebeln · 500 g gemischtes Hackfleisch · 1 Messlöffel Bindobin (aus dem Reformhaus) · 1 TL Paprika · Salz · Pfeffer, frisch gemahlen · Öl zum Braten

- Brot oder Brötchen kurz in Wasser einweichen. Zwiebeln abziehen und fein würfeln. Zusammen mit dem Hackfleisch, dem Bindobin, dem ausgedrückten Weißbrot und Paprika zu einer homogenen Menge verkneten. Kräftig mit Salz und Pfeffer abschmecken.
- Öl in der Pfanne erhitzen. Hackfleischmasse zu kleinen, flachen Frikadellen formen und in das heiße Fett geben. Die Frikadellen auf beiden Seiten braun anbraten.

**Nährwerte pro Portion**

432 kcal/ 25,2 g E/ 31,4 g F/ 12,8 g KH

*Tipp*

Sie können aus der Hackfleischmasse auch kleine Bällchen formen, die gut in einer Soße schmecken. Frikadellen schmecken auch kalt sehr gut: Sie passen ideal zum Picknick und als kleine Frikadellen geformt sind sie der beliebte Klassiker auf dem kalten Büfett.

## Chili con Carne

Ein Gericht, das Junge und Junggebliebene mögen. Scharf und rassig.

▶ Für 4 Personen

**Gut vorzubereiten** ⏲ 30 Min.

500 g gemischtes Hackfleisch · 1 EL Öl · 100 g Schinkenwürfel · 2 kleine Zwiebeln · 2 Dosen Chilibohnen oder Kidneybohnen · 2 Beutel Knorr-Fix »Chili con Carne« · 1 EL Tomatenmark · Salz · Pfeffer, frisch gemahlen

- Hackfleisch in einer Pfanne im heißen Öl scharf anbraten. Mit einem Löffel dabei zerkleinern. Schinkenwürfel hinzugeben und alles so lange braten, bis es ansetzt.
- Zwiebeln abziehen, sehr fein würfeln und dem Fleisch hinzufügen.
- Chilibohnen abgießen und hinzugeben. Knorr-Fix nach Gebrauchsanweisung anrühren und hinzugeben. Nach Geschmack Tomatenmark hinzugeben und mit Salz und Pfeffer abschmecken.

**Nährwerte pro Portion**

513 kcal / 37,7 g E / 28,6 g F / 22,8 g KH

▶ Das passt dazu

Weißbrot, Reis oder gebackene Kartoffeln.

## Souflaki

Feines Lamm, frische Minze und das Aroma von Zitronen – herrlich.

▶ Für 4 Personen

**Gut vorzubereiten** ⏲ 20 Min. + 3 Std. Marinierzeit

750 g Lammfleisch, gewürfelt · 3 EL Olivenöl · Pfeffer, frisch gemahlen · Saft von 1 Zitrone · 2 EL frische Minze · 2 Knoblauchzehen · 3 Frühlingszwiebeln · Salz

- Fleisch, Öl, eine kräftige Prise Pfeffer und Zitronensaft in eine Schüssel geben. Die Minze abspülen, trocken schütteln und hacken. Knoblauch abziehen und fein würfeln.
- Minze und Knoblauch zum Fleisch geben, gut vermengen und mit Frischhaltefolie zugedeckt mindestens 3 Stunden im Kühlschrank marinieren.
- Frühlingszwiebeln putzen und in etwa 5 cm lange Stücke schneiden. Abwechselnd Fleisch und Frühlingszwiebeln auf Spieße stecken und salzen. Im vorgeheizten Ofen oder auf dem Grill 3 bis 4 Min. pro Seite bei großer Hitze grillen.

**Nährwerte pro Portion**

368 kcal / 54,2 g E / 16 g F / 1,6 g KH

▶ Das passt dazu

Fladenbrot und Knoblauchjoghurt (siehe Seite 46).

## Fleischspieße mit Champignons

Lecker gegrillt sind die Spieße genau richtig, wenn es deftig sein soll.

▶ Für 4 Personen

**Braucht etwas mehr Zeit** ⏲ 20 Min. + 12 Std. Ruhezeit

600 g Schweinefleisch · 2 EL Öl · 2 EL Weinbrand · Pfeffer, geschrotet · 18 Champignonköpfe · 9 dünne Scheiben Rauchfleisch · Salz

- Das Schweinefleisch kalt abspülen und trocken tupfen. In fingerdicke Scheiben schneiden. Über Nacht in einer Mischung aus Öl, Weinbrand und geschrotetem Pfeffer marinieren.
- Die Rauchfleischscheiben der Länge nach halbieren. Die Champignonköpfe mit einem feuchten Tuch abreiben und jeweils mit einer halben Rauchfleischscheibe umwickeln.
- Fleischscheiben und Champignonköpfe abwechselnd auf Spieße stecken. An den beiden Enden mit Fleisch abschließen, damit es zusammenhält. Auf dem Grill oder im Backofen 5 bis 10 Min. garen und erst nach dem Grillen salzen.

**Nährwerte pro Portion**

400 kcal / 50,1 g E / 20,4 g F / 1,5 g KH

▶ Das passt dazu

Dips und Weißbrot.

## Rinderrouladen mit Schinken-Salbei-Füllung

Diese italienisch inspirierten Rouladen sind eine feine und leichte Version des klassischen Fleischgerichtes.

▶ Für 4 Personen

Gut vorzubereiten ⏲ 45 Min.

4 Rinderrouladen · Pfeffer, frisch gemahlen · 4 Scheiben Kochschinken · 4 Salbeiblätter · Küchengarn · 1 Zwiebel · 2 EL Olivenöl · 1 EL Mehl · ¼ l Fleischbrühe · Salz · 1 Zweig Thymian

- Die Rouladen kalt abspülen, trocken tupfen und pfeffern. Jede Roulade mit 1 Scheibe Schinken und 1 Salbeiblatt belegen, aufrollen und mit Küchengarn zusammenbinden. Die Zwiebel abziehen und vierteln.
- Olivenöl im Schnellkochtopf erhitzen, Rouladen und Zwiebel darin rundum anbraten. Mit Mehl bestäuben und mit der Brühe aufgießen. Kurz aufkochen lassen, dann Salz und Thymian zugeben.
- Den Deckel des Schnellkochtopfes schließen und alles etwa 20 Min. garen. (In einem herkömmlichen Bräter oder Topf beträgt die Garzeit ungefähr 1 bis 1¼ Std.) Nach Ende der Garzeit den Thymianzweig entfernen und die Rouladen vor dem Servieren von den Fäden befreien.

**Nährwerte pro Portion**

368 kcal / 48,8 g E / 16,9 g F / 5,1 g KH

▶ Varianten

Sie können die Rouladen auch mit Senf bestreichen und mit Gurke und gewürfelten Zwiebeln füllen. Lecker ist auch eine Füllung aus Zwiebeln und Bacon oder aus Hackfleisch.

Tipp

**Zum Zusammenhalten haben sich auch Rouladenklammern und Rouladenspieße (aus Metall) bewährt. Diese können Sie vor dem Servieren leichter entfernen.**

## Festtagsbraten

Wenn es diesen Braten gibt, laden Sie am besten gute Freunde ein und stellen gleich einige Flaschen Wein bereit.

▶ Für 6 Personen

Braucht etwas mehr Zeit ⏲ 3 ½ Std.

2–2½ kg Rollschinken · 1 Zwiebel · 200 g Sellerie · 1 Karotte · Petersilie · 1 Flasche Spätburgunder · 1 EL Zucker · 4 cl Kirschwasser · 1 EL Mehl · 4 EL Soja-Sahneersatz (z.B. Soja Cuisine, Soja Dream, Soja Cream) · Tomatenmark · Salz · Pfeffer, frisch gemahlen

- Schinken ca. 2 Stunden in so viel Wasser kochen lassen, dass das Fleisch gerade bedeckt ist. Vorsichtig die Schwarte abziehen und den Schinken in einen Bräter legen.
- Zwiebel abziehen, Sellerie und Karotte putzen, schälen und alles in Würfel schneiden. Petersilie abspülen, trocken schütteln und hacken.
- Rotwein, Gemüse und Petersilie zum Schinken geben. In den 180 Grad heißen Backofen (Umluft 160 Grad) stellen. Den Schinken regelmäßig mit dem Bratensaft übergießen. Nach 1 Stunde die Fettseite kreuzförmig einschneiden, die Fläche mit Zucker bestreuen und mit Kirschwasser übergießen.
- Den Schinken in die Fettpfanne legen und so lange im Backofen lassen, bis die Fettseite golden und knusprig ist. Den Bratenfond aufkochen und mit dem in Soja-Sahneersatz verrührten Mehl binden. Soße durch ein Sieb streichen und mit Tomatenmark und mit Salz und Pfeffer abschmecken. Den Schinken aufschneiden und auf einer Platte anrichten.

**Nährwerte pro Portion**

596 kcal / 73,7 g E / 19,8 g F / 9,7 g KH

▶ Achtung:

Rotwein könnte mit Hühnerei geklärt sein!

## Gulasch

Das leckere Gulasch lässt sich ganz unkompliziert zubereiten.

▶ Für 2 Personen

Gelingt leicht ⏲ 30 Min. + 30 Min Garzeit

500 g Rindergulasch · 1 EL Öl · 2 Zwiebeln · 2 Packungen Fix für »Gulasch« Lachende Köchin (von Aldi) oder Maggi-Fix für »Gulasch« · 250 ml Fleischbrühe

- Gulasch im heißen Öl rundherum scharf anbraten. Die Zwiebeln abziehen, in grobe Stücke schneiden und dazugeben. Die Brühe hinzufügen.
- Das Gulasch-Fix nach Gebrauchsanweisung zubereiten und ebenfalls hinzufügen.
- Im Ofen bei 200 Grad (Umluft 180 Grad) etwa 1 ½ Std., im Schnellkochtopf ca. 30 Min. kochen lassen.

Nährwerte pro Portion

485 kcal/ 57 g E/ 21 g F/ 13,5 g KH

▶ Das passt dazu

Salzkartoffeln, Kartoffelpüree (Seite 88) oder Klöße (die Liste der Hersteller von geeigneten Klößen finden Sie in der Innenklappe).

▶ Variante

Geben Sie nach dem Gulasch-Fix noch je eine rote und grüne Paprikaschote, in Stücke geschnitten, zum Gulasch.

## Gefüllte Paprikaschoten

Ein beliebter Klassiker, der schnell zubereitet ist.

▶ Für 4 Personen

**Gut vorzubereiten** 1 Std.

2 Scheiben trockenes Weißbrot oder 1 altes Brötchen (milch- und eifrei) · 2 kleine Zwiebeln · 500 g Hackfleisch, gemischt · Salz · Pfeffer, frisch gemahlen · 1 TL Paprika · 1 Messlöffel Bindobin (aus dem Reformhaus) · 4 bunte Paprikaschoten · 1 EL Öl · ¼ l Gemüsebrühe · 1 – 2 Päckchen Maggi-Fix »Delikate Soße« oder »Soße zum Braten«

- Brot oder Brötchen kurz in Wasser einweichen. Die Zwiebeln abziehen und fein würfeln. Das Hackfleisch in einer Schüssel mit den Zwiebeln, Pfeffer, Salz, Paprika und Bindobin vermengen.
- Das eingeweichte Brot ausdrücken und zum Hackfleisch geben. Nochmals gut durchkneten.
- Die Paprikaschoten abspülen, ihren Deckel entfernen, entkernen und aushöhlen. Die Hackfleischmasse in die Paprikaschoten bis zum oberen Rand füllen und etwas eindrücken.
- In einer feuerfesten Form das Öl erhitzen und die Paprikaschoten nebeneinanderstellen. Sie sollten nicht liegen, weil sonst die Füllung herausfällt. Im Backofen etwa 10 Min. bei 200 Grad (Umluft 180 Grad) backen.
- Mit Gemüsebrühe auffüllen und geschlossen noch einmal ca. 40 Min. weitergaren. Die gefüllten Paprikaschoten aus der Flüssigkeit nehmen und das Soßenpulver in die Flüssigkeit einrühren. Aufkochen und zusammen mit den Paprikaschoten servieren.

**Nährwerte pro Portion**

411 kcal/ 28,4 g E/ 26 g F/ 15,7 g KH

▶ Das passt dazu

Reis, Kartoffeln oder Kartoffelpüree (Seite 88).

◀ Gefüllte Paprikaschoten

## Bigos

Ein Rezept aus Ostpreußen.

▶ Für 4 Personen

**Gut vorzubereiten** 1 Std.

500 g Schweinefilet · 125 g magerer Räucherspeck · 3 Zwiebeln · 2 EL Öl · 250 g Kabanossi · 750 g Weißkohl · 200 g Pilze · 3 große Kartoffeln · 400 g Sauerkraut · 2 Knoblauchzehen · 1 kleine Dose Tomatenmark · 2 TL Pflaumenmus · 1 TL Kümmel · 2 TL Rosenpaprika · 1 Prise Majoran, getrocknet · 1 Lorbeerblatt · 5 Pimentkörner · ½ l Weißwein · Fleischbrühe · Salz · Pfeffer, frisch gemahlen

- Schweinefleisch kalt abspülen und trocken tupfen. Speck und Filet in kleine Würfel bzw. Medaillons schneiden. Die Zwiebeln abziehen und fein würfeln. Das Öl in einem Topf erhitzen und das Fleisch und den Speck zusammen mit den Zwiebeln scharf anbraten.
- Die Wurst in Scheiben schneiden. Den Weißkohl abspülen und in grobe Stücke schneiden. Beides in den Topf geben.
- Pilze mit einem feuchten Tuch abreiben und putzen. Die Kartoffeln schälen und würfeln. Das Sauerkraut abtropfen lassen. Knoblauch abziehen und zerdrücken.
- Pilze, Kartoffelwürfel, Sauerkraut, Tomatenmark, Pflaumenmus, zerdrückte Knoblauchzehen und die Gewürze hinzufügen.
- Weißwein angießen und so viel Brühe dazugeben, dass die gut vermischten Zutaten knapp bedeckt sind. Bigos im verschlossenen Topf so lange wie möglich garen. Mit Salz und Pfeffer abschmecken. Heiß oder auch lauwarm mit frischem Holzofenbrot servieren.

**Nährwerte pro Portion**

721 kcal/ 51,8 g E/ 32,8 g F/ 32,9 g KH

# Hack-Kartoffel-Auflauf

Für den großen Hunger eignet sich dieser deftige Auflauf perfekt.
Das Beste: Gemüse und Kartoffeln sind schon dabei.

▶ Für 4 Personen
Gut vorzubereiten ⏲ 1 Std.

1 Brötchen, altbacken (milch- und eifrei) oder 3 EL Paniermehl
2 Zwiebeln
1 Knoblauchzehe
750 g Hackfleisch, gemischt
Salz
Cayennepfeffer
2 Zucchini
3 Kartoffeln
3 TL Olivenöl
Pfeffer, frisch gemahlen
1 EL Margarine
6 Tomaten
2 EL Tomatenmark
1 EL Zucker
einige Blätter Basilikum

- Brötchen in etwas Wasser einweichen. Zwiebeln und Knoblauch abziehen und hacken. Die Hälfte der Zwiebeln mit Hackfleisch, Knoblauch und dem ausgedrückten Brötchen (bzw. Paniermehl) verkneten. Mit Salz und Cayennepfeffer abschmecken.
- Zucchini putzen, abspülen und in Scheiben schneiden. Kartoffeln schälen und in dünne Scheiben hobeln. Eine Auflaufform mit 1 Teelöffel Olivenöl ausstreichen. Die Hackmasse hineinfüllen, darauf die Zucchinischeiben und dann die Kartoffeln schichten. Jede Schicht mit Salz und Pfeffer würzen.
- Margarine schmelzen und die Kartoffelschicht damit beträufeln. Im 200 Grad heißen Backofen (Umluft 180 Grad) 35 bis 40 Min. backen.
- Die Tomaten abspülen und würfeln. Das restliche Olivenöl in einem großen Topf erhitzen und die übrigen Zwiebeln darin glasig dünsten. Tomaten und Tomatenmark zufügen. Mit Zucker, Salz und Pfeffer abschmecken.
- Bei mittlerer Hitze zugedeckt etwa 10 Min. garen. Anschließend die Hitze reduzieren und offen etwa 10 Min. einkochen lassen. Auflauf zusammen mit der Tomatensoße servieren und nach Belieben mit Basilikum garnieren.

**Nährwerte pro Portion**
600 kcal / 39,8 g E / 38,7 g F / 22,9 g KH

*Tipp*

So können Sie Aufläufe am besten einfrieren: Lassen Sie den Auflauf beim Backen nicht zu stark bräunen, weil man ihn nach dem Einfrieren wieder aufbacken muss. Aufläufe werden in Gefrierfolie verpackt ins Eisfach gegeben. Lagern sollten sie nicht länger als zwei Monate. Zum Aufbacken einfach gefroren und mit Margarineflöckchen belegt bei 200 Grad (Umluft 180 Grad) für knapp 1 Stunde in den Ofen schieben.

## Bauernauflauf

Nein, keine Menschenansammlung – und Bauern werden hier auch nicht gekocht.

▶ Für 4 Personen

Braucht etwas mehr Zeit ⏲ 1 Std.

1 kleiner Kopf Wirsing (ca. 500 g) · Salz · 1 Brötchen, altbacken (milch- und eifrei) · 250 g Hackfleisch, gemischt · Pfeffer, frisch gemahlen · 1 Messlöffel Bindobin (aus dem Reformhaus) · 2 TL Senf · 2 große Zwiebeln · 3 Tomaten · 2 EL Semmelbrösel (milchfrei) · 2 EL Margarine (milchfrei) · ½ Bund Petersilie

- Wirsing abspülen und putzen. Den Strunk herausschneiden und den Kopf am Stück so lange in leicht gesalzenem Wasser sieden, bis sich die Blätter leicht ablösen lassen.
- Das Brötchen in etwas Wasser einweichen. Acht große Blätter vom Kohlkopf ablösen und die dicken Rippen herausschneiden. Den restlichen Kohlkopf fein hacken.
- Das Brötchen ausdrücken und mit dem gehackten Wirsing, dem Hackfleisch, Salz, Pfeffer, Bindobin und dem Senf zu einem Teig kneten. Eine Zwiebel abziehen, fein hacken und unter den Teig kneten. Lagenweise Wirsingblätter und Fleischteig in eine gefettete Form schichten.
- Tomaten mit heißem Wasser überbrühen, enthäuten und in Scheiben schneiden. Die restliche Zwiebel abziehen und in Ringe schneiden. Den Auflauf mit Zwiebelringen und Tomatenscheiben belegen, mit Semmelbröseln bestreuen und Margarineflöckchen darauf verteilen.
- Im 225 Grad heißen Backofen (Umluft 200 Grad) etwa 35 Min. backen. Petersilie abspülen, trocken schütteln und fein hacken. Den fertigen Auflauf damit bestreuen.

**Nährwerte pro Portion**

294 kcal/ 16,9 g E/ 17,9 g F/ 16,3 g KH

## Kartoffelauflauf

Genau das Richtige für einen Haufen Rabauken mit großem Appetit.

▶ Für 4 Personen

Gut vorzubereiten ⏲ 1 Std.

750 g Kartoffeln, festkochend · 1 EL Öl · 4 Zwiebeln · 200 g gekochter Schinken · 300 ml Soja-Sahneersatz (z. B. Soja Cuisine, Soja Dream, Soja Cream) · Salz · Pfeffer, frisch gemahlen · Paprika · 2 Messlöffel Bindobin (aus dem Reformhaus) · Schnittlauch

- Kartoffel abspülen und ungeschält in Salzwasser gar kochen. Anschließend pellen. Auflaufform mit Öl einpinseln. Kartoffeln in Scheiben schneiden und hineinschichten.
- Zwiebeln abziehen und fein würfeln. In der Pfanne anbraten und über die Kartoffeln geben.
- Schinken klein würfeln und auf die Kartoffelschicht streuen. Sahneersatz mit dem Bindobin verrühren und mit Salz, Pfeffer und Paprika abschmecken. Soße über den Auflauf gießen.
- Den Auflauf bei etwa 200 Grad (Umluft 180 Grad) im Backofen ungefähr 30 Min. überbacken. Schnittlauch abspülen, trocken schütteln und in Röllchen schneiden. Auflauf mit den Schnittlauchröllchen bestreut servieren.

**Nährwerte pro Portion**

347 kcal/ 30,4 g E/ 13,7 g F/ 24,4 g KH

▶ Das passt dazu

Salat.

Tipp

Ein Essen, das sich gut vorbereiten lässt. Hierzu können Sie die Kartoffeln schon am Vorabend kochen.

## Vegetarische Kohlrouladen

Eine einfache, aber schmackhafte Mahlzeit mit herzhaftem Pilzaroma.

▶ Für 4 Personen

**Gut vorzubereiten** ⏲ **1 Std.**

1 Weißkohl · 300 g Naturreis · 600 ml Pilzbrühe · 1 Zwiebel · Öl · Salz · ⅛ l Gemüsebrühe · 1 EL Tomatenmark · 3 EL gehackte Kräuter · Kräutersalz · Pfeffer, frisch gemahlen · Rosenpaprika · Kümmel, gemahlen

- Den Weißkohl abspülen, von den äußeren Blättern befreien, rund um den Strunk einschneiden und in kochendes Salzwasser geben. Die Blätter nacheinander ablösen und aus dem Topf nehmen.
- Die dicken Rippen der Kohlblätter flach schneiden.
- Den Reis in der Pilzbrühe aufkochen und etwa 20 Min. garen. Die Zwiebel abziehen und fein hacken, in Öl anbraten und zum fertigen Reis geben. Die Kräuter unterrühren und mit Kräutersalz, Pfeffer, Paprika und Kümmel würzen.
- Die Kohlblätter leicht salzen, die Reisfüllung darauf verteilen, einrollen und eng aneinander in einen Topf geben. Die Gemüsebrühe mit dem Tomatenmark verrühren und etwa 1 cm hoch in den Topf gießen. In 15 bis 20 Min. gar dünsten.

**Nährwerte pro Portion**

371 kcal / 9,7 g E / 6,6 g F / 66,8 g KH

## Linsen-Kokos-Curry

Simples Rezept, aber echt raffiniert: Linsen lieben Curry und Kokosnuss.

▶ Für 4 Personen

**Braucht etwas mehr Zeit** ⏲ **1 Std.**

2 – 3 Zwiebeln · 2 Knoblauchzehen · 3 EL Margarine (milchfrei) · 300 g grüne Linsen · 1 – 2 EL Curry · ¾ l Gemüsebrühe · Salz · Pfeffer, frisch gemahlen · 100 g frische Kokosnuss oder Kokosraspel (getrocknet) · 200 g Karotten · 200 g Zucchini · 1 EL Ahornsirup · 50 – 100 ml Soja-Sahneersatz (z. B. Soja Cuisine, Soja Dream, Soja Cream)

- Zwiebeln und Knoblauch schälen. Zwiebeln in dünne Streifen schneiden, Knoblauch fein hacken, dann in 2 Esslöffel Margarine glasig dünsten.
- Linsen und Curry unterrühren und leicht anschwitzen. Mit Brühe auffüllen und zugedeckt 45 Min. garen. Mit Salz und Pfeffer abschmecken.
- Inzwischen die Kokosnuss fein reiben. Karotten schälen, Zucchini abspülen und putzen. Beides in Scheiben schneiden.
- Karotten in 1 Esslöffel Margarine zugedeckt 5 Min. dünsten. Dann für weitere 5 Min. die Zucchini dazugeben. Mit Salz und Ahornsirup abschmecken. Sahneersatz unterrühren. Gemüsemischung auf die angerichteten Linsen häufen und mit der geriebenen Kokosnuss servieren.

**Nährwerte pro Portion**

549 kcal / 24,5 g E / 27,7 g F / 49,9 g KH

## Vegetarische Nudelpfanne

Es soll ja auch Leute geben, die gar kein Fleisch mögen.

▶ Für 2 Personen

**Geht schnell** ⏲ **15 Min.**

1 Knoblauchzehe · 2 EL Sesamöl · 150 g Räuchertofu · ½ Bund Frühlingszwiebeln · 100 g Sojasprossen · 250 g gekochte Nudeln (eifrei) · Salz · Pfeffer, frisch gemahlen · Chili, gemahlen

- Die Knoblauchzehe abziehen und hacken. In Sesamöl anbraten.
- Den Tofu zwischen den Händen zerbröseln und hinzufügen. Etwa 2 Min. scharf anbraten.
- Die Frühlingszwiebeln abspülen und in feine Ringe schneiden. Die Sojasprossen abspülen.
- Die gekochten Nudeln zum Tofu geben, Sojasprossen und Frühlingszwiebeln hinzufügen und etwa 5 Min. anbraten. Mit Pfeffer, Salz und Chili abschmecken.

**Nährwerte pro Portion**

452 kcal / 24,6 g E / 23,7 g F / 34,9 g KH

## Rosmarinkartöffelchen

Eine einfache Art, Kartoffeln zu einer tollen fettarmen Beilage zu machen.

▶ Für 2 Personen

Gelingt leicht 50 Minuten

350 g kleine Kartoffeln · Salz · 4 ungeschälte Knoblauchzehen · 2 EL Olivenöl · grobes Meersalz · 2 Zweige Rosmarin

- Die Kartoffeln unter fließendem Wasser gründlich abbürsten und 15 Minuten in leicht gesalzenem Wasser kochen. Anschließend gut abtropfen lassen.
- Zusammen mit dem Olivenöl, den Knoblauchzehen, Meersalz und Rosmarin in eine feuerfeste Form geben. Die Kartoffeln in ca. 30 Minuten bei 180 °C goldgelb backen.

Nährwerte pro Portion

212 kcal/ 3,1 g E/ 12,1 g F/ 22 g KH

▶ Das passt dazu

Kurzgebratenes oder Grillfleisch und Salat.

# BEILAGEN

## Bratkartoffeln

Ein beliebtes Gericht, das wir schon von Oma kennen.

▶ Für 4 Personen

**Geht schnell** ⏲ 30 Min.

1½ kg Kartoffeln, festkochend · Salz · 4 EL Olivenöl · schwarzer Pfeffer, frisch gemahlen

- Die Kartoffeln abspülen und in der Schale in Salzwasser gar kochen. Abkühlen lassen, pellen und je nach Größe halbieren oder dritteln.
- In zwei Portionen (bzw. zwei Pfannen) in Olivenöl bei starker Hitze goldbraun braten. Mit Salz und Pfeffer würzen.

**Nährwerte pro Portion**

320 kcal / 6,1 g E / 12,3 g F / 44,5 g KH

## Kartoffel-Paprika-Pfanne

Ein kunterbuntes Pfannengericht, das superschnell aufgetischt wird.

▶ Für 2 – 3 Personen

**Gelingt leicht** ⏲ 25 Min.

300 g Kartoffeln · 2 rote Paprikaschoten · 2 grüne Paprikaschoten · 2 EL Olivenöl · Salz · Pfeffer, frisch gemahlen · 1 Bund Dill

- Kartoffeln schälen und in sehr dünne Scheiben schneiden. Paprikaschoten halbieren, abspülen und entkernen. In ½ cm dicke Streifen schneiden.
- Kartoffeln ins heiße Olivenöl geben, salzen und in 15 bis 20 Min. bei niedriger Hitze gar braten.
- 10 Min. vor Ende der Garzeit die Paprikastreifen dazugeben. Mit Salz und Pfeffer abschmecken. Dill abspülen, trocken schütteln und fein hacken. Dill vor dem Servieren untermischen.

**Nährwerte pro Portion**

183 kcal / 4,0 g E / 8,8 g F / 21 g KH

## Kartoffelpüree

Schön locker und samtig – so ist das perfekte Kartoffelpüree.

▶ Für 2 Personen

**Preisgünstig** ⏲ 30 Min.

500 g Kartoffeln · Salz · ¼ l Sojadrink · 1 TL Margarine (milchfrei) · Muskatnuss, frisch gerieben

- Kartoffeln schälen und in Salzwasser so lange kochen, bis sie relativ weich, aber noch nicht verkocht sind (hängt immer von der Sorte ab).
- Sojadrink erhitzen. Margarine, einen Hauch Muskat und nach und nach den heißen Sojadrink hinzugeben. Mit einem Schneebesen oder Kartoffelstampfer zu einem flockigen Püree verarbeiten. Nach Geschmack salzen.

**Nährwerte pro Portion**

230 kcal / 8,7 g E / 6,2 g F / 33,5 g KH

### Tipp

Auch wenn es selbst gemacht natürlich am besten schmeckt – auch als Allergiker können Sie bei Zeitknappheit auf Fertigprodukte zurückgreifen. Fertig-Kartoffelpüree gibt es von verschiedenen Firmen ohne Zusatz von Milch und Ei (siehe Umschlaginnenseite).

## Berner Rösti

Wenn es etwas Besonderes sein soll.

▶ Für 4 Personen

**Braucht etwas mehr Zeit** ⏲ **1 Std. + 24 Std. Ruhezeit**

750 g Kartoffeln, festkochend · 1 TL Kümmel · Salz · 100 g fetter Speck · 2 EL Soja-, Reis- oder Haferdrink

- Die Kartoffeln abspülen und in mit Kümmel gewürztem Salzwasser in der Schale gar kochen. Abgießen, kalt abschrecken und pellen. Über Nacht zugedeckt stehen lassen. Am nächsten Tag auf einer Reibe grob raspeln.
- Den Speck fein würfeln und in einer Pfanne auslassen. Die Kartoffelraspel dazugeben, salzen und mit einem Pfannenwender so lange wenden, bis das Fett fast ganz von den Kartoffeln aufgenommen wurde.
- Die Masse zu einem Kuchen zusammendrücken und so lange braten, bis die Unterseite goldbraun ist.
- Mit dem Drink beträufeln und die Rösti mithilfe eines Topfdeckels wenden. Dann weiterbraten, bis auch die andere Seite goldbraun ist. Auf einem vorgewärmten Teller heiß servieren.

**Nährwerte pro Portion**

195 kcal / 7,6 g E / 7,7 g F / 22,9 g KH

▶ Das passt dazu

Kurzgebratene Fleischgerichte, Wildbraten oder Wildgeflügel.

▶ Variante

Anstelle des Specks können Sie die Rösti auch in Margarine braten.

## Selbst gemachte Gnocchi

Ein besonderer Genuss.

▶ Für 4 Personen

**Braucht etwas mehr Zeit** 30 Min. + 30 Min. Kochzeit

1 kg Kartoffeln, mehligkochend · Salz · 250 g Mehl · 1 EL Margarine (milchfrei) · Salz · Pfeffer, frisch gemahlen

- Kartoffeln abspülen und in Salzwasser weich kochen. Pellen und noch heiß durch eine Kartoffelpresse auf die leicht bemehlte Arbeitsplatte drücken.
- Leicht salzen und löffelweise nur so viel Mehl unterkneten, dass ein glatter Teig entsteht. Der Teig soll nicht mehr an den Fingern kleben.
- Zum Formen der Gnocchi eigroße Portionen vom Teig abnehmen und jeweils auf bemehlter Fläche zu fingerdicken Röllchen drehen. 2 bis 3 cm lange Stücke abschneiden. Jedes Teigstück mit Daumen und Zeigefinger gegen eine Gabel drücken.
- Gnocchi portionsweise in 2 Liter kochendes Salzwasser geben. Bei geringer Temperatur etwa 4 Min. ziehen lassen, dabei ab und zu vorsichtig umrühren. Sobald die Gnocchi oben schwimmen, mit einem Schaumlöffel aus dem Wasser nehmen und abtropfen lassen.

**Nährwerte pro Portion**

380 kcal / 10,2 g E / 3,8 g F / 73,9 g KH

▶ Variante

Etwa 20 frische Salbeiblättchen in 1 Esslöffel heißer Margarine zart anbraten und dann die Gnocchi darin schwenken.

◀ Gnocchi

## Badische Schupfnudeln

Schupfnudeln rollen macht Spaß – besonders zusammen mit Kindern.

▶ Für 4 Personen

**Preisgünstig** 30 Min. + 30 Min. Kochzeit

750 g Kartoffeln, mehligkochend · 2 EL Petersilie · 3 EL Mehl · 1 Messlöffel Bindobin (aus dem Reformhaus) · ½–1 TL Salz · ½ TL Muskatnuss, frisch gerieben · Margarine zum Braten

- Die Kartoffeln abspülen und in der Schale in 25 bis 30 Min. weich kochen. Abgießen, abschrecken und pellen.
- Kartoffeln auf eine dünn bemehlte Arbeitsfläche legen und mit dem Nudelholz zerdrücken und zusammenschieben.
- Petersilie abspülen, trocken schütteln und hacken. Zusammen mit Kartoffeln, Mehl, Bindobin, Salz und Muskatnuss zu einem glatten Teig kneten. Aus dem Teig fingerdicke Rollen formen und diese in etwa 5 cm lange Stücke schneiden.
- Die Stücke zwischen den Händen zu an den Enden spitz zulaufenden Schupfnudeln rollen. 15 Min. ruhen lassen.
- Die Margarine in einer großen Pfanne erhitzen und die Schupfnudeln darin rundherum braun braten.

**Nährwerte pro Portion**

234 kcal / 4,2 g E / 10,5 g F / 29,8 g KH

▶ Das passt dazu

Schweinebraten oder Lammrücken, deftige Kohlgerichte aller Art und Sauerkraut.

## Spargel in Pergamentpapier

Ein schönes Spargelpäckchen, das Ihre Gäste da auf dem Teller finden.

▶ Für 1 Person

**Gelingt leicht** 5 Min. + 25 Min. Garzeit

5 Stangen weißer Spargel · Pergamentpapier · 2 EL Margarine (milchfrei) · Salz · 1 EL gehackter Kerbel oder glatte Petersilie

- Den Spargel putzen, schälen und auf ein Stück Pergamentpapier (DIN A4) legen. Die Margarine in Flöckchen darauf verteilen und mit etwas Salz bestreuen. Zu einem luftigen Päckchen packen.
- Im 220 Grad heißen Backofen (Umluft 200 Grad) 25 Min. garen. Zum Servieren das Päckchen aufklappen und mit den gehackten Kräutern bestreuen.

**Nährwerte pro Portion**

380 kcal / 10,2 g E / 3,8 g F / 73,9 g KH

## Leipziger Allerlei

Ein Klassiker unter den feinen Gemüsegerichten, der besonders wegen seiner cremigen Soße beliebt ist.

▶ Für 4 Personen

**Braucht etwas mehr Zeit** 30 Min.

200 g grüne Bohnen · 250 g Karotten · 250 g Spargel · 1 kg Blumenkohl · Salz · 300 g TK-Erbsen · 2 TL Margarine (milchfrei) · 2 EL Mehl · l Brühe · 125 ml Soja-Sahneersatz (z. B. Soja Cuisine, Soja Dream, Soja Cream) · weißer Pfeffer · Muskatnuss, frisch gerieben · 1 Bund glatte Petersilie

- Bohnen putzen und abspülen, Karotten und Spargel schälen. Bohnen und Spargel in Stücke, Karotten in Scheiben schneiden; kleine Karotten evtl. ganz lassen. Blumenkohl putzen und in Röschen teilen.
- Bohnen und Spargel in Salzwasser etwa 10 Min. garen. Dann Karotten und Blumenkohl zugeben und weitere 5 Min. mitgaren. Erbsen in den letzten 2 Min. dazugeben.
- Das Fett im Topf auf höchster Einstellung schmelzen. Mehl darin anschwitzen, schluckweise mit Brühe und Sahneersatz auffüllen, kräftig unterrühren und 10 Min. auf kleiner Flamme kochen. Soße mit Salz, Pfeffer und Muskat würzen.
- Das Gemüse abseihen und in eine Schüssel geben. Petersilie abspülen, trocken schütteln und hacken. Soße mit gehackter Petersilie mischen und über das Gemüse gießen.

**Nährwerte pro Portion**

273 kcal / 18 g E / 10,2 g F / 26,3 g KH

▶ **Variante**

Man kann auch TK-Gemüse oder – im Notfall – Dosengemüse benutzen.

▶ Leipziger Allerlei

## Rosenkohl mit Äpfeln

So schmeckt Rosenkohl Kindern garantiert.

▶ Für 4 Personen

**Preisgünstig** 15 Min.

1 kg Rosenkohl · Salz · Muskatnuss, frisch gerieben · 500 g Äpfel · Saft von 1 Zitrone · 2 EL Margarine (milchfrei) · Pfeffer, frisch gemahlen

- Rosenkohl putzen, abspülen, den Strunk kürzen und kreuzweise einkerben. Mit 1 Tasse Salzwasser und 1 Prise Muskat zum Kochen bringen und auf kleiner Flamme kurz garen, sodass er noch deutlich Biss hat; dann abgießen.
- Äpfel schälen, vom Kerngehäuse befreien und in grobe Scheiben schneiden. Die Äpfel mit dem Zitronensaft beträufeln.
- Die Margarine in einem Topf schmelzen und die Äpfel darin andünsten. Rosenkohl zu den Äpfeln geben, mit Pfeffer und Salz würzen und etwa 5 Min. leicht köcheln lassen.

**Nährwerte pro Portion**

209 kcal / 9,1 g E / 9,2 g F / 21,1 g KH

▶ Das passt dazu

Rinderbraten.

Tipp

Im Supermarkt finden Sie sehr guten tiefgekühlten Rosenkohl. TK-Rosenkohl wird unaufgetaut ins kochende Salzwasser gegeben.

## Rotkohl

Bereiten Sie am besten gleich die doppelte Portion zu!

▶ Für 4 Personen

**Preisgünstig** 50 Min.

1 kg Rotkohl · 3 Äpfel (Boskop) · 1 Zwiebel · 3 Nelken · 2 TL Schweineschmalz · 1 TL Zucker · ½ TL Salz · Rotwein · Essig · Zimt · Pfeffer, frisch gemahlen

- Rotkohl abspülen, die äußeren Blätter entfernen, den Strunk herausschneiden und den Rotkohl auf einer Gemüsereibe raspeln oder ganz fein schneiden.
- Äpfel schälen, vierteln und vom Kerngehäuse befreien. Zwiebel schälen und mit den Nelken spicken. Das Schmalz im Topf zerlaufen lassen.
- Kohl, Äpfel, Zwiebel, Zucker und Salz in den Topf geben und eine Tasse Wasser angießen. Zum Kochen bringen und auf kleiner Flamme im geschlossenen Topf in etwa 45 Min. weich kochen.
- Die gespickte Zwiebel entfernen. Mit Zucker, Salz, Rotwein, einem Spritzer Essig, Zimt und Pfeffer kräftig abschmecken. Wenn Sie Essig und Wein gleich zu Anfang zum Rotkohl geben, verlängert sich die Garzeit.

**Nährwerte pro Portion**

129 kcal / 3,4 g E / 3,3 g F / 19,7 g KH

## Sauerkraut

Nicht nur gesund, sondern mit Weißwein zubereitet auch sehr fein.

▶ Für 4 Personen

**Gut vorzubereiten** 1 Std.

1 Scheibe durchwachsener Speck · 1 EL Öl · 2 große Zwiebeln · 800 g Sauerkraut · 3 Nelken · ¼ l trockener Weißwein · Salz · Pfeffer, frisch gemahlen

- Speck klein würfeln und in etwas Öl auslassen. Zwiebeln abziehen, fein würfeln, zum Speck geben und anschwitzen.
- Sauerkraut im Sieb abspülen und tropfnass hinzufügen.
- Die Nelken dazugeben und alles bei mittlerer Hitze aufkochen. Den Wein hinzufügen und auf kleinster Stufe etwa 1 Std. köcheln lassen. Mit Salz und Pfeffer abschmecken.

**Nährwerte pro Portion**

137 kcal / 4,7 g E / 5,8 g F / 3,1 g KH

Tipp

Kochen Sie einen geschälten und entkernten säuerlichen Apfel mit. Und bereiten Sie ruhig mehr zu – aufgewärmt schmeckt es doppelt lecker.

## Lauchgemüse mit Pinienkernen

Eine herrlich pikante Beziehung zwischen Lauch und Pinienkernen.

▶ Für 4 Personen

**Gelingt leicht** ⏱ **20 Min.**

1 mittelgroße Zwiebel · 3 EL Pinienkerne · 3 EL Korinthen · 2 TL Kokosfett · 600 g Lauch · 2 Tassen Gemüsebrühe · 1 TL Senfkörner · Salz · Pfeffer, frisch gemahlen · 2 TL Margarine (milchfrei) · ½ Bund glatte Petersilie

- Die Zwiebel abziehen, würfeln und mit den Pinienkernen und Korinthen im heißen Fett goldgelb anbraten. Den Lauch putzen, abspülen und in feine Ringe schneiden. Mit in den Topf geben. Mit der Gemüsebrühe auffüllen, dabei 2 Esslöffel der Brühe aufheben.
- Senfkörner zugeben und 10 Min. dünsten. Mit Salz und Pfeffer abschmecken. Die Margarine mit der restlichen Gemüsebrühe verquirlen und zum Gemüse geben. Die Petersilie abspülen, trocken schütteln und hacken. Lauchgemüse vor dem Servieren mit Petersilie bestreuen.

**Nährwerte pro Portion**

210 kcal / 5,4 g E / 13 g F / 17,5 g KH

## Geschmorte Zwiebeln

Schön deftig – eine perfekte Beilage zu Fleisch- und Pilzgerichten.

▶ Für 3 Personen

**Preisgünstig** ⏱ **30 Min.**

1 kg Zwiebeln, mittelgroß · ¼ l Brühe · 1 TL Zucker · 1 TL Margarine (milchfrei) · Salz · Muskatnuss, frisch gerieben

- Zwiebeln schälen und in der Brühe mit Zucker, Margarine, Salz und Muskat zum Kochen bringen.
- Etwa 20 Min. auf kleiner Flamme kochen lassen. Anschließend die restliche Flüssigkeit im offenen Topf einkochen, bis die Zwiebeln schön braun sind.

**Nährwerte pro Portion**

128 kcal / 4,7 g E / 3,8 g F / 18 g KH

▶ Das passt dazu

Kurz gebratenes Fleisch.

## Glasiertes Gemüse

Der Honig unterstreicht das süßliche Aroma der Karotten und nimmt den Lauchzwiebeln die Schärfe.

▶ Für 4 Personen

**Braucht etwas mehr Zeit** ⏱ **20 Min.**

2 Bund Frühlingszwiebeln oder 500 g zarter Lauch · 500 g Karotten · 1 EL Margarine (milchfrei) · Salz · weißer Pfeffer · 6 EL Brühe · 1 EL Honig

- Die Frühlingszwiebeln putzen und in schräge, etwa 3 cm lange Abschnitte schneiden. Die weißen Zwiebelchen halbieren. Die Karotten schälen und längs in etwa 10 cm lange Stücke schneiden.
- Margarine in einem großen Topf zerlassen, zunächst die weißen Zwiebeln und dann die Karottenstücke anschwitzen. Mit Salz und Pfeffer würzen. Brühe angießen und zugedeckt etwa 5 Min. dünsten.
- Das Grüne von den Frühlingszwiebeln zufügen und noch weitere 3 Min. kochen. Anschließend die Flüssigkeit bei offenem Deckel verdampfen lassen. Den Honig zufügen, unter ständigem Rühren glasieren, bis Karotten und Frühlingszwiebeln von einer Glanzschicht überzogen sind.

**Nährwerte pro Portion**

133 kcal / 3,4 g E / 5,0 g F / 18 g KH

## Couscous-Grundrezept

Der im aromatischen Dampf gegarte Couscous ist ein Traum.

▶ Für 4 Personen

**Gelingt leicht** 30 Min.

300 g Couscous · Salz · Gemüse-, Fleisch- oder Fischbrühe

- Den Couscousgrieß in eine flache Form geben und salzen. Mit 300 ml lauwarmem Wasser übergießen und 5 bis 10 Min. quellen lassen.
- In ein Sieb geben und im geschlossenen Topf im Dampf der Fleisch-, Fisch- oder Gemüsebrühe etwa 10 bis 15 Min. garen.

**Nährwerte pro Portion**

262 kcal/ 8,1 g E/ 0,8 g F/ 54,7 g KH

Tipp

Couscous ist eine Spezialität aus Hirse oder Weizen, die aus den afrikanischen und asiatischen Ländern rund um das Mittelmeer stammt. Die Getreidekörner werden zu einem Grieß verarbeitet, der entweder süß zubereitet wird oder im Dampf einer Gemüse-, Fleisch- oder Fischsoße gegart wird.

## Süß-sauer eingelegter Kürbis

Legen Sie am besten gleich zwei Kürbisse ein – er lässt sich im hübschen Glas prima verschenken.

▶ Für 4 Personen

**Gut vorzubereiten** 45 Min.

1 kg Kürbis · 100 ml Weißweinessig · 100 g Honig · 100 g Rosinen · ½ TL Chili, gemahlen · 1 Lorbeerblatt · 1 Nelke · Salz

- Kürbis schälen, entkernen und in 1 cm große Würfel schneiden. Kürbis zusammen mit allen Zutaten in einen Topf geben und auf hoher Flamme zum Kochen bringen. Sobald es beginnt zu kochen, die Temperatur zurückschalten und so lange köcheln lassen, bis die Kürbisstücke glasig sind.
- Den Kürbis samt Lorbeerblatt und Nelke heiß in saubere Gläser füllen und diese auf den Deckel stellen. Im Kühlschrank ist der eingelegte Kürbis 1 bis 2 Monate haltbar.

**Nährwerte pro Portion**

225 kcal/ 4,4 g E/ 0,7 g F/ 47,2 g KH

▶ **Das passt dazu**

Gekochtes Fleisch, Currys, Bratkartoffeln oder Fleischfondues.

▶ Süß-sauer eingelegter Kürbis

## Helle Grundsoße

Eine leckere Soße zu Gemüse.

▶ Für 4 Personen

**Preisgünstig** 15 Min.

1 EL Mehl oder Speisestärke · 1/8 l Brühe · Salz · weißer Pfeffer · Suppenwürze

- Das Mehl mit etwas kaltem Wasser anrühren. Die Brühe zum Kochen bringen und das angerührte Mehl einlaufen lassen.
- Die Soße unter Rühren kräftig aufkochen lassen und mit Salz, Pfeffer und etwas Suppenwürze abschmecken.

**Nährwerte pro Portion**

23 kcal / 0,6 g E / 0,2 g F / 4,7 g KH

*Tipp*

Besonders zu hellen Gemüsesorten wie Lauch, Kohlrabi oder Blumenkohl passt diese sämige, aber doch leichte Soße.

▶ Variante

Diese Soße können Sie mit fein gewürfelten angebratenen Zwiebeln oder Champignons verfeinern.

## Soja-Marinade

Macht Fleisch zart und besonders aromatisch.

▶ Für ca. 500 g Fleisch

**Geht schnell** 5 Min.

2 Zwiebeln · 1/8 l Sojasoße · 1/8 l trockener Weißwein · 4 EL Öl

- Zwiebeln abziehen und in Ringe schneiden. Sojasoße und Öl vermischen und die Zwiebeln dazugeben.
- Etwas durchziehen lassen, Fleisch hineinlegen und zugedeckt in den Kühlschrank stellen – am besten über Nacht. Einige Male wenden.

**Nährwerte pro Portion**

671 kcal / 13,9 g E / 54,4 g F / 10,9 g KH

## Erdnuss-Soße

Natürlich nur für Leute, die nicht gegen Erdnüsse allergisch sind.

▶ Für 4 Personen

**Gelingt leicht** 20 Min.

2 Knoblauchzehen · 225 g Erdnussbutter · 1 EL Sojasoße · 1 EL Zitronensaft · 1 TL brauner Zucker · Salz · Pfeffer, frisch gemahlen

- Die Knoblauchzehen abziehen und zerdrücken und zusammen mit der Erdnussbutter, der Sojasoße, dem Zitronensaft, dem Zucker und 1 Esslöffel Wasser in einem kleinen Topf langsam erhitzen. Dabei gut verrühren.
- Nach und nach so viel Wasser einrühren, bis die Soße glatt ist. Mit Salz und Pfeffer abschmecken und heiß servieren.

**Nährwerte pro Portion**

352 kcal / 15,2 g E / 28,3 g F / 9,7 g KH

▶ Das passt dazu

Gegrilltes Geflügel.

## Ananassoße

Lasst die Tropen in die Küche!

▶ Für 4 Personen

**Braucht etwas mehr Zeit** 40 Min.

1 Ananas · Saft von ½ Zitrone · 2 EL Honig · 1 Msp. Muskatnuss, frisch gerieben · 1 Stück Zimtrinde · Salz · 2 Chilischoten · ⅛ l Weißwein

- Ananas schälen, den harten Kern entfernen und das Fruchtfleisch klein schneiden. Eine Tasse sehr klein geschnittenes Fruchtfleisch beiseitestellen.
- Zitronensaft mit Honig, Muskat, Zimtrinde, etwas Salz und den Ananasstücken in einen Topf geben. Chilischoten entkernen, fein hacken und dazugeben.
- ⅛ l Wasser und den Weißwein hinzufügen und 30 Min. ohne Deckel köcheln lassen. Die Soße bis auf ein Drittel reduzieren. Anschließend im Mixer pürieren, Fruchtstücke zugeben und warm servieren.

**Nährwerte pro Portion**

157 kcal / 0,9 g E / 0,5 g F / 30,9 g KH

## Frankfurter Grüne Soße

Lecker und erfrischend – besonders an heißen Tagen.

▶ Für 4 Personen

**Gut vorzubereiten** 15 Min. – 1 Std. + 2 Std. Ruhezeit

Kräutermischung für Grüne Soße (frisch od. TK) oder jeweils eine Handvoll Petersilie, Schnittlauch, Kerbel, Kresse, Pimpinelle, Sauerampfer, Borretsch, Dill, Estragon, Zitronenmelisse · 2 kleine Zwiebeln · 250 g Soja-Joghurtalternative (z. B. von Alpro oder Provamel) · 2 TL Senf · Salz · Pfeffer, frisch gemahlen · Zitronensaft · Zucker

- Die Kräuter abspülen, trocken schütteln, von den Stielen zupfen und fein hacken. Die Zwiebeln abziehen und fein würfeln.
- Kräuter und Zwiebeln in eine Schüssel geben und mit Joghurtalternative und Senf vermengen. Mit Salz, Pfeffer, Zitronensaft und Zucker abschmecken.

**Nährwerte pro Portion**

81 kcal / 7,8 g E / 2,3 g F / 6,7 g KH

▶ **Das passt dazu**

Kaltes Bratenfleisch, Fisch oder Pellkartoffeln.

**Tipp**

Die Soße etwa 2 Std. vor dem Verzehr zubereiten, damit die Kräuter ihren vollen Geschmack entfalten können. Die Kräutermischung für Grüne Soße gibt es beim Gemüsehändler meist fertig zu kaufen. Tiefgekühlt ist sie in gut sortierten Supermärkten erhältlich.

## Milchreis mit Himbeermus

Schnell und unkompliziert – aus der Mikrowelle!

▶ Für 4 Personen

**Gelingt leicht** ⏲ **10 Min. + 25 Garzeit**

250 g Milchreis · 1 l Soja-, Reis- oder Haferdrink oder Kokosmilch · Salz · 1 TL Margarine (milchfrei) · 250 g frische oder tiefgekühlte Himbeeren · 2 EL Kokosraspeln · Zucker

- Reis, Sojadrink, 1 Prise Salz, Margarine und Zucker in eine große Glasform geben. Zugedeckt bei 850 Watt in der Mikrowelle 10 bis 11 Min. kochen lassen. Einmal umrühren und bei 250 Watt zugedeckt etwa 25 Min. ausquellen lassen.
- Die Himbeeren mit ein wenig Wasser aufkochen. Pürieren und evtl. durch ein Sieb passieren, um die Kerne zu entfernen. Je nach Geschmack mit Zucker süßen.
- Die Kokosflocken in einer Pfanne kurz anrösten, nicht braun werden lassen.
- Den Milchreis aus dem Mikrowellengerät nehmen und noch einige Min. geschlossen stehen lassen. Noch einmal durchrühren, in schöne Glasschälchen füllen und die Kokosraspeln darüberstreuen. Mit dem Himbeermus servieren. Köstlich!

**Nährwerte pro Portion**

453 kcal/ 14,9 g E/ 12,2 g F/ 69,3 g KH

# DESSERTS UND SÜSSSPEISEN

## Ananascreme mit Rum

Eine gelungene Mischung aus Karamell, Rum, fruchtiger Ananas und Maracuja.

▶ Für 4 Personen

Braucht etwas mehr Zeit 30 Min. + 2–3 Std. Kühlzeit

1 Ananas (ca. 1,5 kg) · 150 ml brauner Rum · 120 g brauner Zucker · ½ Vanilleschote · ⅛ l Maracujasaft · 3 Blatt weiße Gelatine · 250 ml aufschlagbaren Soja-Sahneersatz (z. B. Soja-Schlagcreme oder Cresoy) · 1 Päckchen Sahnesteif · 1 EL Pistazien, gehackt

- Ananas schälen, den Strunk entfernen und in 1 cm dicke Scheiben schneiden. Ananasstücke in einem flachen, großen Topf mit Rum, Zucker, dem ausgekratzten Vanillemark und 100 ml Wasser in zwei Portionen jeweils 10 Min. offen kochen.
- Ananasstücke herausnehmen und das Rumgemisch so lange auf niedriger Temperatur weiterkochen, bis sich am Boden des Topfes eine Karamellschicht bildet. Maracujasaft angießen und den Karamell loskochen.
- Gelatine einweichen, ausdrücken und in dem noch warmen Karamel-Maracuja-Gemisch auflösen. Die Masse in eine Schüssel füllen und mehrere Stunden kalt stellen.
- In der Zwischenzeit den Sahneersatz mit dem Sahnesteif schlagen und kalt stellen. Vor dem Servieren die Creme mit den gehackten Pistazien bestreuen und zusammen mit den Ananasstücken und dem Sahneersatz anrichten.

Nährwerte pro Portion

452 kcal / 13,1 g E / 8,1 g F / 57,3 g KH

Tipp

Mit Gelatine zubereitete Süßspeisen sollten, nachdem die Gelatine eingerührt wurde, nicht mehr kochen, weil sie sonst nicht mehr fest werden. Soll der Pudding beim Abkühlen keine Haut bekommen, wird die Oberfläche einfach mit zerlassener Margarine bestrichen. Bereiten Sie feine Cremes nicht in Aluminiumgefäßen zu, sie werden sonst unappetitlich grau.

## Äpfel im Schlafrock

Ein Nachtisch, auf den man nicht bis nach dem Essen warten möchte.

▶ Für 4 Personen

Preisgünstig 15 Min. + 40 Min. Garzeit

300 g TK-Blätterteig (z. B. von Dr. Oetker) · 4 Äpfel · Zucker · 1 EL Rosinen · Zimt

- Blätterteig auftauen lassen, 5 mm dick ausrollen und Quadrate zu 15 cm ausschneiden. Äpfel schälen und das Kerngehäuse ausstechen.
- Je 1 Apfel auf ein Quadrat legen, etwas Zucker in die Öffnung streuen, mit Rosinen füllen und mit Zimt bestäuben.
- Teig über den Äpfeln zusammenschlagen und mit Wasser bestreichen. Im 220 Grad heißen Backofen (Umluft 200 Grad) 40 Min. backen.

Nährwerte pro Portion

413 kcal / 3,6 g E / 24,8 g F / 43,8 g KH

## Mediterraner Obstsalat

Zum Auf-die-Knie-Fallen schmeckt der mediterrane Obstsalat.

▶ Für 4 Personen

Gelingt leicht ⏲ 15 Min.

4 Karotten · 1 Orange · 3 Feigen · Balsamicoessig · Calvados · Puderzucker · Pfeffer, frisch gemahlen · Minze

- Die Karotten schälen und raspeln. Die Orangen filetieren (siehe Seite 104) und die Feigen abspülen und vierteln.
- Aus Balsamicoessig, Calvados, Puderzucker und Pfeffer eine Marinade zubereiten.
- Die Minze abspülen, trocken schütteln und hacken. Einige Blättchen zum Garnieren beiseitelegen. Die gehackte Minze unter die Marinade rühren und den Fruchtsalat mit ihr überziehen.
- Den Obstsalat mit Minzeblättchen garniert servieren.

Nährwerte pro Portion

97 kcal / 1,8 g E / 0,5 g F / 16,7 g KH

Tipp

Bitte beachten Sie bei der Zusammenstellung des Obstes für Obstsalate eventuelle Allergien oder Kreuzallergien (siehe Seite 124).

## Rhabarber-Bananen-Kompott

Rhabarber und Bananen gehen eine leckere Verbindung ein.

▶ Für 4 Personen

**Geht schnell** ⏲ 10 Min.

500 g Rhabarber · ½ Vanilleschote · abgeriebene Schale von 1 Zitrone · 200 g Bananen · 1 TL Honig · 1 EL Mandeln, gehobelt

- Rhabarber waschen, putzen und in 1 cm lange Stücke schneiden. Die Vanilleschote der Länge nach aufschlitzen und das Vanillemark mit einem Messer herauskratzen.
- Rhabarber, Vanillemark und die Zitronenschale in wenig Wasser etwa 5 Min. bei milder Hitze dünsten. Anschließend abkühlen lassen.
- Bananen schälen, zerdrücken und – zusammen mit dem Honig – mithilfe eines Handrührgeräts schaumig schlagen. Die Creme unter das Rhabarberkompott ziehen.
- Gehobelte Mandeln ohne Fett in der Pfanne anrösten und über das fertige Kompott streuen.

**Nährwerte pro Portion**

71 kcal / 1,6 g E / 1,8 g F / 10,8 g KH

▶ **Das passt dazu**

Gries-, Reis- oder Hirsesüßspeisen.

## Beerensorbet

Ein perfektes Sommerdessert aus nur drei Zutaten.

▶ Für 4 Personen

**Braucht etwas mehr Zeit**

⏲ 3 – 4 Std.

500 g gemischte Beeren, Erdbeeren oder Himbeeren · 100 g Zucker · 2 EL Zitronensaft

- Die Beeren verlesen und, wenn nötig, abspülen. Zarte Beeren, z. B. Himbeeren, nur kurz in stehendem Wasser waschen. Den Zucker mit 100 ml Wasser aufkochen, 2 Min. köcheln, abkühlen lassen und den Zitronensaft unterrühren.
- Die Beeren mit dem abgekühlten Sirup pürieren und durch ein Sieb passieren.
- Das Sorbet in eine Schüssel mit hohem Rand füllen. Im Tiefkühlfach 3 bis 4 Std. gefrieren lassen, dabei alle 20 bis 30 Min. mit einem Schneebesen oder Handrührgerät das Sorbet durchrühren – so entstehen keine großen Eiskristalle und das Sorbet wird herrlich sämig.

**Nährwerte pro Portion**

195 kcal / 0,9 g E / 0,4 g F / 45,4 g KH

**Tipp**

Die Zuckermenge ist nur ein Richtwert. Die Kälte federt einen Teil der Süße ab – daher muss die Beerenmasse sehr süß schmecken. Falls nötig, süßen Sie nach dem Pürieren mit Puderzucker nach.

## Exotischer Obstsalat

Lässt sich mit den verschiedensten Obstsorten variieren.

▶ Für 8 – 10 Personen

**Gelingt leicht** ⏲ 10 Min.

1 kg Bananen · 4 Orangen · 2 Papayas · 2 Mangos · 2 Sternfrüchte · 1 Limette · Zucker oder Honig · 100 g frische Kokosnuss

- Bananen schälen, in Scheiben schneiden und in eine große Schüssel geben. Orangen filetieren (siehe rechts). Die Filets mitsamt dem Saft über die Bananen geben.
- Papayas schälen und längs halbieren. Mit einem Löffel die schwarzen Kerne herausschaben und das Fruchtfleisch würfeln. Mangos schälen, das Fleisch am Stein entlang abschneiden und zerkleinern. Papaya- und Mangostücke zum übrigen Obst geben.
- Sternfrüchte quer in dünne Scheiben schneiden. Die Limette auspressen und zusammen mit den Sternfrüchten zum Obstsalat geben. Nach Belieben mit Zucker oder Honig süßen.
- Das Fleisch der Kokosnuss in dünne Späne schneiden oder auf einer Reibe raspeln. Über den fertigen Fruchtsalat geben.

**Nährwerte pro Portion**

154 kcal / 2,2 g E / 4,1 g F / 25,5 g KH

# So wird's gemacht: Orangen filetieren

Um Filets ohne Haut aus einer Orange herauszuschneiden, werden die Ober- und Unterseite der Orange mit dem Messer gerade abgeschnitten.

Die Orange auf ein Brett stellen und dann die Seiten dick abschneiden, sodass nur noch eine kleine Orangenkugel ohne weiße Haut übrig bleibt.

Mit einem scharfen Messer Filets (ohne Haut) aus den Trennwänden der Orange lösen – dabei nicht zu tief in die Orange hineinschneiden.

Auf jeden Fall den heruntertropfenden Saft auffangen und mit verwenden.

## Schoko-Bananen

Bei Kindern und Leckermäulern stehen sie ab sofort auf der Hitliste.

▶ Für 3 Personen

**Preiswert** ⏲ 10 Min.

150 g dunkle Kuvertüre (z. B. von Schwartau) · 3 Bananen · 6 Holzspieße · 100 g Kokosraspel

- Die Kuvertüre in der Mikrowelle auf kleinster Stufe etwa 2 Min. erwärmen, je nach Watt-Leistung vielleicht auch etwas länger. Bananen in Stücke schneiden und auf die Holzspieße aufspießen.
- In die flüssige Kuvertüre tauchen oder mit ihr bepinseln. Noch vor dem Antrocknen der Schokolade mit Kokosraspeln bestreuen.
- Damit die Schokobananen unversehrt trocknen können, nehmen Sie am besten ein Küchensieb aus Plastik, legen es verkehrt herum auf die Arbeitsplatte und stecken die Holzspieße in die Löcher. Wenn die Spieße mit der feuchten Schokolade auf einer Unterlage liegen, kleben sie fest.

**Nährwerte pro Portion**

486 kcal / 8,1 g E / 26,6 g F / 53,2 g KH

## Banane in Honig

Wer kennt das nicht vom Besuch beim Chinesen?

▶ Für 4 Personen

**Preisgünstig** ⏲ 10 Min.

4 Bananen · 4 TL Honig · Öl zum Braten

- Das Öl im Wok oder in der Pfanne erhitzen. Die Banane schälen, in mundgerechte Stücke schneiden und etwa 1 Min. unter ständigem Rühren anbraten.
- Den Honig hinzugeben und vorsichtig umrühren, sodass die Bananenstücke mit Honig umhüllt sind.

**Nährwerte pro Portion**

227 kcal / 1,4 g E / 10,2 g F / 31,8 g KH

## Gegrillte Ananas

Für alle, die es exotisch mögen.

▶ Für 4 Personen

**Geht schnell** ⏲ 10 Min.

8 Scheiben Ananas · Zimt · 1 EL Margarine (milchfrei) · Rum zum Flambieren

- Ananas abtropfen lassen. Mit Zimt bestäuben und kleine Margarineflöckchen daraufsetzen.
- Die Ananasscheiben auf den geölten Grillrost legen, unter den vorgeheizten Grill schieben und von jeder Seite ein paar Minuten grillen.
- Herausnehmen, mit Rum übergießen und flambieren.

**Nährwerte pro Portion**

166 kcal / 0,9 g E / 4,3 g F / 23,9 g KH

# Erdbeer-Ananas-Dessert

Dieses Traumdessert lässt sich schnell zubereiten.

▶ Für 4 Personen

**Geht schnell** 15 Min.

500 g Erdbeeren · 1 Ananas · 1 EL Erdbeerkonfitüre · 2 EL Orangenlikör · abgeriebene Schale von ½ Orange · einige Blättchen Zitronenmelisse

- Erdbeeren abspülen, putzen und halbieren. Ananas schälen, den harten Strunk entfernen und das Fruchtfleisch in Würfel schneiden.
- Die Hälfte der Erdbeeren mit der Konfitüre, dem Orangenlikör und der abgeriebenen Orangenschale pürieren.
- Die restlichen Erdbeeren mit den Ananaswürfeln mischen und auf Glasschälchen verteilen. Erdbeersoße darübergießen und mit Zitronenmelisse garniert servieren.

**Nährwerte pro Portion**

165 kcal/ 1,8 g E/ 0,1 g F/ 32,9 g KH

## Süßer Couscous

Bereiten Sie besser etwas mehr zu – der süße Couscous ist schnell aufgegessen.

▶ Für 4 Personen

**Braucht etwas mehr Zeit** ⏲ **30 Min.**

4 getrocknete Feigen · 50 g getrocknete Aprikosen · 4 getrocknete Birnenhälften oder 8 Apfelschnitze · 2 unbehandelte Orangen · 2 EL Rosinen · 1 EL Margarine (milchfrei) · 2 EL Zucker · 250 g Couscous · 3 EL Haselnüsse · 1 EL Kokosflocken · 300 – 400 ml Kokosmilch · Rohrzucker

- Die Feigen abspülen, halbieren und den harten Stiel entfernen. In 300 ml Wasser quellen lassen. Aprikosen und Birnen in Streifen schneiden. Orangen lauwarm abspülen, Schale abreiben und auspressen.
- Die getrockneten Früchte, die Feigen samt Einweichwasser, die abgeriebene Orangenschale, die Rosinen, die Margarine und den Zucker mit 50 ml des Orangensafts aufkochen. Couscous einstreuen, von der Herdplatte nehmen und zugedeckt 10 Min. quellen lassen.
- Anschließend mit einer Gabel lockern. Haselnüsse grob hacken und kurz anrösten. Kurz vor dem Servieren die Kokosflocken und die gerösteten Nüsse unter das Couscous mischen.
- Kokosmilch erwärmen und damit das Couscous beträufeln. Den Rohrzucker zum Nachsüßen separat reichen.

**Nährwerte pro Portion**

675 kcal / 14,9 g E / 24 g F / 98,4 g KH

## Grießschnitten mit warmem Kirschkompott

Himmlisch: die zarten Grießschnitten zusammen mit den säuerlichen Früchten.

▶ Für 4 Personen

**Gelingt leicht** ⏲ **20 Min.**

1 Vanilleschote · 375 ml Sojadrink · 100 ml Soja-Sahneersatz (z. B. Soja Cuisine, Soja Dream, Soja Cream) · 4 EL Zucker · 1 Prise Salz · 100 g grober Hartweizengrieß · 2 EL Margarine · 400 g Kirschen · 400 ml Kirschsaft · 1 TL Speisestärke

- Die Vanillestange der Länge nach aufschlitzen und das Mark herauskratzen. Sojadrink, Sahneersatz, 2 Esslöffel Zucker und Salz aufkochen und das Vanillemark und die Schote hinzugeben. 5 Min. ziehen lassen, dann die Vanilleschote herausnehmen.
- Den Grieß einstreuen und bei kleiner Hitze kochen lassen, bis ein dicker Brei entstanden ist. 1 Esslöffel Margarine unterrühren und den Brei 1 cm dick auf ein Holzbrett oder in eine gefettete Form streichen.
- Die Kirschen abspülen, verlesen und entsteinen. Den Kirschsaft aufkochen lassen, den restlichen Zucker hinzufügen und die Kirschen hineingeben. Etwa 1 bis 2 Min. kochen lassen. Die Speisestärke in etwas kaltem Wasser verrühren und so viel davon in das kochende Kirschkompott geben, dass das Kompott leicht andickt. Weitere 2 Min. kochen lassen.
- Den Grieß in Rauten oder Rechtecke schneiden. Portionsweise in heißer Margarine in einer beschichteten Pfanne goldbraun braten. Das Kirschkompott auf Teller verteilen und die Grießschnitten obenauf setzen.

**Nährwerte pro Portion**

386 kcal / 11,4 g E / 9,3 g F / 62,1 g KH

# Buchteln

Schön locker und leicht, am besten noch lauwarm – einfach himmlisch, sodass man sie am liebsten schon zum Frühstück genießen möchte.

- ¼ Liter Sojadrink erwärmen und die Hefe darin auflösen. Mit 1 Esslöffel Mehl und etwas Zucker zu einem Vorteig verrühren. Das Mehl in eine Schüssel geben, eine Mulde in die Mitte drücken und den Vorteig in die Mulde füllen. Zugedeckt an einem warmen Ort etwa 15 Min. gehen lassen.
- 1 Prise Salz, Bindobin, 3 Esslöffel Zucker und 50 g weiches Fett verrühren. Diese Mischung zuerst mit einem Handrührgerät, später mit den Händen, mit dem Vorteig verkneten. Zugedeckt an einem warmen Ort weitere 15 Min. gehen lassen.
- 12 bis 14 Teiglinge formen. Die Buchteln in eine gefettete Auflauf- oder Backform (Ø 26 cm) setzen und weitere 15 Min. gehen lassen.
- Den übrigen Sojadrink, das restliche Fett und 1 Esslöffel Zucker erwärmen und über die Buchteln gießen. Im 200 Grad heißen Backofen (Umluft 180 Grad) etwa 30 bis 40 Min. backen. Nach etwa 15 Min. Backzeit mit Alufolie abdecken, damit die Buchteln nicht zu braun werden.

**Nährwerte pro Portion**
252 kcal / 6,3 g E / 6,4 g F / 41,7 g KH

**▶ Für 12 Stück**
**Preisgünstig**
**1 ½ Std.**

½ l Sojadrink
1 Würfel Hefe
500 g Mehl
100 g Zucker
Salz
1 Messlöffel Bindobin (aus dem Reformhaus)
75 g Margarine (milchfrei)
3 EL Zitronensaft
Puderzucker zum Bestäuben

Tipp

Servieren Sie die Buchteln lauwarm mit Aprikosenmarmelade oder Vanillesoße. Eine Vanillesoße ohne Ei und ohne Milch herzustellen, ist gar nicht schwer: Kochen Sie 250 ml Soja-Sahneersatz mit dem ausgekratzten Mark einer Vanilleschote und 1 bis 2 Esslöffel Zucker etwa 5 Min. Weichen Sie 2 bis 3 Blätter Gelatine in kaltem Wasser ein, drücken Sie sie anschließend gründlich aus und verrühren Sie die Gelatine mit etwas heißem Sahneersatz. Nun einfach den Topf vom Herd nehmen und die aufgelöste Gelatine tropfenweise unterrühren. Abkühlen lassen und die Vanillesoße servieren, wenn sie zu gelieren beginnt.

## Schokomuffins

Die sehen aus wie Normale.

▶ Für 12 Muffins

**Geht schnell** ⏱ 30 Min.

250 g Mehl · 1 TL Backpulver · ½ TL Natron (gibt es bei den Backzutaten im Supermarkt) · 130 g Zucker · 2 Päckchen Vanillezucker · 4 EL Kakaopulver · 2 EL Essig · 100 ml Öl · 200 ml Mineralwasser

- Nicht wundern, aber die Mischung aus Essig (kein Tippfehler) und Natron lässt den Teig wunderbar locker werden und aufgehen.
- Mehl, Backpulver, Natron, Zucker, Vanillezucker und Kakaopulver in einer Backschüssel verrühren.
- In einer zweiten Schüssel Essig, Öl und Mineralwasser verrühren. Dann die flüssigen Zutaten unter die trockenen Zutaten rühren. Vorsicht: Nur so lange rühren, bis sich die Zutaten verbinden.
- Geschmacklich kann man variieren, indem man Rumaroma oder Vanillearoma zufügt oder statt Kakao Nüsse oder Mandeln verwendet.
- Die Muffinform mit Papierbackförmchen auslegen, den Teig einfüllen und bei 180 Grad backen (Umluft 165 Grad). Nach 20 bis 25 Min. mit einem Holzstäbchen in die Muffins stechen. Wenn kein Teig mehr am Holzstäbchen hängen bleibt, sind die Muffins fertig.

**Nährwerte pro Muffin**

211 kcal / 3,0 g E / 9,8 g F / 27,6 g KH

# KUCHEN, GEBÄCK UND BROT

## Apfelmuffins

Muffins sind der Renner.

▶ Für ca. 6 Stück

**Gelingt leicht** 30 Min.

200 g Vollkorn-Haferflocken · 15 g Weizenvollkornmehl · 100 g brauner Zucker · 1 EL Backpulver · 1 Messlöffel Bindobin (aus dem Reformhaus) · abgeriebene Schale von 1 Zitrone · 1 TL Zimt · 2 Äpfel · 2 EL Öl · 200 ml Apfelsaft · Papierbackförmchen

- Eine Muffinform mit Papierbackförmchen auslegen. Haferflocken, Mehl, Zucker, Backpulver, Bindobin, Zitronenschale und Zimt gründlich miteinander vermengen.
- Die Äpfel abspülen, vierteln und vom Kerngehäuse befreien. Mit der Schale in feine Stifte schneiden. Unter die bereits gemischten Zutaten heben.
- Öl und Apfelsaft dazugeben und vorsichtig verrühren, bis alles gut durchfeuchtet ist. Bei 175 Grad (Umluft 160 Grad) auf der mittleren Schiene etwa 10 Min. backen.

**Nährwerte pro Portion**

410 kcal/ 7,8 g E/ 10 g F/ 71,6 g KH

## Kindertörtchen

Damit haben Sie für jede Party und jeden Kindergeburtstag etwas zur Hand.

▶ Für 20 Stück

**Geht schnell** 30 Min.

2 Messlöffel Bindobin (aus dem Reformhaus) · 1 EL Mandelmus · 300 g Margarine (milchfrei) · 275 g Zucker · 1 Päckchen Vanillezucker · 1 Fläschchen Rum-Aroma · 500 g Mehl · 1 Päckchen Backpulver · Papierbackförmchen

- Das Bindobin mit 160 ml Wasser mischen. Für die Mandelmilch 1 Esslöffel Mandelmus mit 125 ml Wasser verrühren. Beiseitestellen.
- Die Margarine schaumig rühren und löffelweise den Zucker, den Vanillezucker, die Bindobinmasse und das Rum-Aroma hinzufügen.
- Mehl mit dem Backpulver mischen und abwechselnd mit der Mandelmilch unter den Teig rühren. Dabei nur so viel Mandelmilch verwenden, dass der Teig schwer reißend vom Löffel fällt.
- Jeweils einen gehäuften Teelöffel voll davon in kleine Papierbackförmchen geben und bei 175 Grad (Umluft 160 Grad) etwa 10 bis 15 Min. backen.
- Die abgekühlten Törtchen mit Zuckerguss, -streuseln oder -blümchen verzieren.

**Nährwerte pro Stück**

262 kcal/ 2,6 g E/ 13 g F/ 33,4 g KH

*Tipp*

**Mandelmus wird nur aus gemahlenen und pürierten Mandeln hergestellt. Sie bekommen es im Reformhaus.**

# Steyrischer Apfelkuchen

Ein Klassiker, dem fast niemand widerstehen kann. Geheimtipp:
Die Aprikosenmarmelade sorgt für einen saftig-leckeren Teig.

- Das Mehl mit Backpulver, Margarine, 50 g Zucker, Salz und Sojamilch schnell zu einem glatten Teig verkneten. In Frischhaltefolie gewickelt 1 Stunde im Kühlschrank ruhen lassen.
- Die Äpfel schälen, vom Kerngehäuse befreien, grob raspeln und mit Zitronensaft, dem restlichen Zucker, dem Zimt, den Rosinen und den Nüssen (bzw. Mandeln oder Kokosflocken) mischen.
- Den Teig ausrollen, Boden und Rand des gefetteten Backblechs mit ⅔ des Teiges auslegen. Die Apfelmischung gleichmäßig auf dem Teig verteilen. Den restlichen Teig auf einer bemehlten Arbeitsfläche ausrollen, in dünne Streifen schneiden und diese als Gitter über den Kuchen legen.
- Im 200 Grad heißen Backofen (Umluft 180 Grad) auf der mittleren Schiene etwa 30 Min. backen. Die Aprikosenmarmelade kurz erhitzen und das Teiggitter damit bestreichen. Den Puderzucker mit Zitronensaft verrühren und das Teiggitter glasieren.

**Nährwerte pro Stück**
293 kcal / 4,0 g E / 10,3 g F / 45,3 g KH

**Tipp**
Mit Kokosflocken wird der Kuchen sehr saftig, mit Nüssen oder Mandeln eher etwas trockener. Der Kuchen kann, allerdings ohne die Glasur, sehr gut eingefroren werden, sodass man für überraschenden Besuch oder akute Apfelkuchenlust immer ein Stück parat hat.

▶ **Für 1 Blech (24 Stücke)**
**Gelingt leicht**
**1 Std.**

600 g Mehl
1 Päckchen Backpulver
200 g Margarine (milchfrei)
175 g Zucker
½ TL Salz
¼ l Sojamilch oder Wasser
1½ kg Äpfel
Saft von 1 Zitrone
1 TL Zimt
100 g Rosinen
100 g gehackte Nüsse oder Mandeln (bzw. Kokosflocken)
100–200 g Aprikosenmarmelade
100 g Puderzucker
2 EL Zitronensaft
Fett fürs Blech

## Apfel-Streuselkuchen

Genau das Richtige für Streuselmonster aller Art. Backen Sie am besten gleich zwei Bleche!

▶ Für 1 Blech (20 Stücke)

**Preisgünstig** ⏲ **1 Std.**

Zutaten für ein Grundrezept Hefeteig (siehe Seite 26) · 1½ kg Äpfel · 200 g Mehl · 200 g Zucker · 100 g Margarine (milchfrei)

- Den Hefeteig nach dem Grundrezept auf Seite 26 zubereiten.
- Für den Belag die Äpfel schälen, vom Kerngehäuse befreien und in kleine Stücke schneiden. Den Hefeteig auf einem mit Backpapier ausgelegten Backblech ausrollen. Die Apfelstücke gleichmäßig darüber verteilen.
- Für die Streusel das Mehl mit dem Zucker und der möglichst kalten Margarine vermengen. Schnell zu Streuseln kneten und zwischen den Händen über den Kuchen reiben.
- Bei etwa 200 Grad (Umluft 180 Grad) auf mittlerer Schiene 25 bis 30 Min. backen.

**Nährwerte pro Stück**

287 kcal / 3,8 g E / 9,6 g F / 45,7 g KH

## Weckmänner

Kindern macht das Weckmann-Backen großen Spaß. Am besten lädt man gleich mehrere Kinder ein!

▶ Für 10 – 12 Stück

**Gelingt leicht** ⏲ **1 Std.**

500 g Mehl (oder Weizenvollkornmehl) · 1 Würfel Hefe oder 1 Päckchen Trockenhefe · 100 g Zucker · ¼ l Sprudelwasser · 125 g Margarine (milchfrei) · 1 TL Salz · Rosinen

- Das Mehl in eine Schüssel geben, in die Mitte eine Vertiefung drücken, die Hefe hineinbröckeln und mit 1 Esslöffel Zucker, ⅛ l lauwarmem Sprudelwasser und ein wenig Mehl verrühren. Den Vorteig zugedeckt an einem warmen Ort etwa 15 Min. gehen lassen.
- Die Margarine zerlassen und mit dem restlichen Zucker und dem Salz unter das Mehl und den Vorteig kneten. Nach und nach so viel Sprudelwasser zugeben, dass ein geschmeidiger, nicht klebender Hefeteig entsteht. Teig vor dem Backen noch einmal 30 Min. gehen lassen.
- Teig auf einer bemehlten Arbeitsfläche etwa 1 cm dick ausrollen. Die Form von Weckmännern ausschneiden. Jeweils 2 Rosinen als Augen in den Teig drücken.
- Im 170 Grad heißen Backofen (Umluft 155 Grad) etwa 10 Min. backen.

**Nährwerte pro Portion (12 Männer)**

250 kcal / 4,3 g E / 8,8 g F / 38,1 g KH

▶ Weckmänner

# Kreppel

Kreppel heißen auch Berliner, Krapfen oder Pfannkuchen – je nachdem, woher sie stammen. Eins haben sie gemein: Sie schmecken köstlich.

▶ Für 40 Stück
Braucht etwas mehr Zeit
30 Min. + 1½ Std. Ruhezeit

500 g Mehl
1 Würfel Hefe oder 1 Päckchen Trockenhefe
100 g Zucker
¼ l lauwarmes Sprudelwasser
85 g Margarine (milchfrei)
1 Messlöffel Bindobin (aus dem Reformhaus)
Palmin zum Ausbacken
Zucker zum Bestreuen

- Das Mehl in eine Schüssel geben, in die Mitte eine Vertiefung drücken, die Hefe hineinbröckeln und mit 1 Esslöffel Zucker, ⅛ l lauwarmem Sprudelwasser und ein wenig Mehl verrühren. Den Vorteig zugedeckt an einem warmen Ort etwa 15 Min. gehen lassen.
- Die Margarine zerlassen und mit dem restlichen Zucker unter das Mehl und den Vorteig kneten. Bindobin in ⅛ l Sprudelwasser auflösen und dem Teig zufügen. So lange kneten, bis ein geschmeidiger, nicht klebender Hefeteig entsteht.
- Teig in der Schüssel zugedeckt an einem warmen Ort 30 Min. gehen lassen (der Teig sollte nicht zu klebrig sein – falls doch, noch etwas Mehl unterkneten). Etwa eigroße Bällchen formen und diese auf einer bemehlten Unterlage nochmals 1 bis 1½ Stunden gehen lassen.
- So viel Palmin in einem kleinen Topf erhitzen, dass das Fett etwa 5 cm hoch im Topf steht. Kreppel hineinlegen und umdrehen, wenn sie hellbraun sind. Nach dem Ausbacken die Kreppel auf Küchenpapier legen und noch warm in Zucker wälzen.

**Nährwerte pro Stück**
155 kcal / 1,3 g E / 11,7 g F / 11,4 g KH

Tipp

Um zu prüfen, ob das Fett heiß genug ist, können Sie einfach einen Holzlöffel nehmen und ihn mit dem Stiel kurz ins Fett halten. Wenn kleine Bläschen aufsprudeln, stimmt die Temperatur und Sie können loslegen.

## Marzipanhörnchen

Ideal für die Kaffeerunde oder für den Brunch sind diese Hörnchen mit Marzipanfüllung.

▶ Für 16 Stück

Gelingt leicht 1 Std.

Zutaten für ein Grundrezept Hefeteig (siehe Seite 26) · 100 g Marzipanrohmasse

- Den Hefeteig nach dem Grundrezept auf Seite 26 zubereiten.
- Zwei Kugeln aus dem Teig formen und diese auf einer bemehlten Arbeitsfläche rund ausrollen. Die beiden Teigfladen achteln, sodass Dreiecke entstehen (wie beim Schneiden einer Pizza).
- Die Marzipanrohmasse in 16 schmale Streifen schneiden.
- Je einen Streifen auf das kurze Ende der Dreiecke legen und diese zur Mitte hin aufrollen. Im 175 Grad heißen Backofen (Umluft 160 Grad) etwa 10 Min. backen.

**Nährwerte pro Hörnchen**

209 kcal/ 4,0 g E/ 8,8 g F/ 28,3 g KH

Tipp

Diese Hörnchen sind sehr beliebt bei Kindern – ein leckeres Frühstück für den Kindergarten oder die Schule. Man kann die Hörnchen, sobald sie ausgekühlt sind, gut einfrieren und bei Bedarf kurz in der Mikrowelle auftauen (nicht zu heiß werden lassen). Auch Füllungen aus Marmelade, Bitterschokolade oder Erdnussbutter schmecken sehr gut.

## Marzipan

Marzipan eignet sich prima als Füllung für Teilchen oder als Geschmackskomponente von Rühr- und Mürbeteigen.

▶ Für 500 g Marzipan

Braucht etwas mehr Zeit 50 – 60 Min.

250 g süße Mandeln · 15 g bittere Mandeln · 250 g Zucker · Rosenwasser

- Die Mandeln mit kochendem Wasser übergießen, die Haut abziehen und an der Luft trocknen lassen. In zwei bis drei Durchgängen Mandeln mit Zucker durch ein feines Mahlwerk treiben.
- Nur so viel Rosenwasser unterkneten, dass das Marzipan glatt ist und kaum noch klebt. Nach Belieben ausrollen, ausstechen und weiterverwenden oder im Backofen bei niedriger Temperatur (etwa 120 Grad) 15 bis 20 Min. backen.

**Nährwerte pro 100 g**

504 kcal/ 9,9 g E/ 28,6 g F/ 51,8 g KH

### WISSEN

**Mandeln – bittersüß**

Es gibt süße und bittere Mandeln. Bittere Mandeln sind aufgrund ihres besonderen Aromas bei Rezepten wie Marzipan unerlässlich, doch sie enthalten Blausäure und sind roh verzehrt bereits in geringen Mengen giftig. Süße und bittere Mandeln sind äußerlich schwer voneinander zu unterscheiden und wachsen zum Teil auf dem gleichen Baum. In süßen Mandeln dürfen wegen der Gesundheitsgefahr nicht mehr als 5 % bittere Mandeln enthalten sein. Die bei uns erhältlichen Mandeln stammen vorwiegend aus Spanien und aus Kalifornien. Dort wurden die Plantagen so weit kultiviert, dass zu 100 % süße Mandeln geerntet werden.

## Haferkekse

Aus Haferflocken kann man so tolle Kekse backen!

▶ Für 1 kleines Blech

Geht schnell 30 Min.

200 g Margarine (milchfrei) · 120 g Rohrzucker · 4 EL Honig · 125 g Walnüsse · 1/4 TL Salz · 275 g kernige Haferflocken

- Die Margarine im Topf schmelzen. Rohrzucker, Honig und Salz daruntermischen und vom Herd nehmen.
- Walnüsse hacken und mit den übrigen Zutaten unter die Haferflocken mischen. Alles gut miteinander verrühren.
- Die Masse etwa 1 cm dick auf ein gefettetes Backblech streichen und glatt drücken (ideale Blechgröße: 29 × 43 cm). In der Mitte des 180 Grad heißen Backofens (Umluft 160 Grad) 12 bis 15 Min. backen.
- Kurz abkühlen lassen und noch warm in Rauten oder Rechtecke schneiden.

Nährwerte pro Keks

126 kcal / 1,7 g E / 8 g F / 11,9 g KH

## Ruck-Zuck-Kekse

Kneten, kühlen, ausstechen – ideal, um sie mit Kindern zu backen.

▶ Für ca. 50 Stück

Geht schnell 20 Min.

200 g Margarine (milchfrei) · 100 g Zucker · 300 g Mehl

- Aus der kalten Margarine, Zucker und Mehl schnell einen Mürbteig kneten. Etwa 1 Stunde in Frischhaltefolie gewickelt im Kühlschrank ruhen lassen.
- Teig portionsweise auf einer bemehlten Arbeitsfläche ausrollen und Kekse ausstechen. Bei etwa 175 Grad (Umluft 160 Grad) in 10 Min. goldgelb backen.

Nährwerte pro Keks

57 kcal / 0,6 g E / 3,3 g F / 6,3 g KH

## Heidesand

Die wohl bekanntesten Plätzchen überhaupt.

▶ Für ca. 70 Stück

Preisgünstig 30 Min.
+ 12 Std. Ruhezeit

250 g weiche Margarine (milchfrei) · 140 g Zucker · 50 g Puderzucker · 1 Päckchen Vanillezucker · 125 g Mandeln, geschält und gemahlen · 400 g Mehl · 1 Vanilleschote

- Die möglichst weiche Margarine mit 80 g Zucker, Puderzucker und Vanillezucker cremig aufschlagen. Mandeln und Mehl vermischen und unter die Masse kneten.
- Teig zu Rollen (Ø 5 cm) formen und in Frischhaltefolie gewickelt am besten über Nacht im Kühlschrank ruhen lassen.
- Teigrollen in 1 cm dicke Scheiben schneiden, auf ein mit Backpapier ausgelegtes Backblech setzen und im 190 Grad heißen Backofen (Umluft 170 Grad) 10 bis 15 Min. backen.
- Die Vanilleschote der Länge nach aufschneiden und das Vanillemark herauskratzen. Unter den restlichen Zucker mischen und die heißen Plätzchen im Vanillezucker wälzen.

Nährwerte pro Plätzchen

66 kcal / 0,9 g E / 3,9 g F / 7,0 g KH

## Pistazienherzen

Erobern Sie Herzen mit selbst gemachten Pistazienherzen.

▶ Für 30 Stück

**Gelingt leicht** ⌚ **45 Min.**

50 g Pistazien · 125 g Margarine (milchfrei) · 60 g Zucker · 150 g Mehl · 1 Messlöffel Bindobin · ½ Fläschchen Butter-Vanille-Aroma · 50 g Halbbitter-Kuvertüre (milchfrei)

- Die Pistazien mahlen und 1 Teelöffel beiseitestellen. Margarine in Flöckchen, Zucker, Mehl, Bindobin, Vanillearoma und Pistazien zu einem glatten Teig kneten. In Frischhaltefolie gewickelt 30 Min. im Kühlschrank ruhen lassen.
- Teig auf einer bemehlten Arbeitsfläche etwa 5 mm dick ausrollen. Herzen ausstechen und auf ein mit Backpapier ausgelegtes Backblech legen. Etwa 8 Min. im 200 Grad heißen Backofen (Umluft 180 Grad) backen.
- Kuvertüre im Wasserbad schmelzen. Herzen zur Hälfte in die Kuvertüre tauchen und mit den restlichen Pistazien bestreuen.

**Nährwerte pro Stück**

71 kcal/ 1,0 g E/ 4,4 g F/ 6,8 g KH

## Zitronenbrezeln

Der Aufwand lohnt – die Zitronenbrezeln sind schön mürbe, mit feinem Zitronenaroma.

▶ Für 30 – 40 Stück

**Braucht etwas mehr Zeit** 1 Std. + 1 Std. Kühlzeit

50 g Speisestärke · 200 g Mehl · 100 g Zucker · 1 Messlöffel Bindobin (aus dem Reformhaus) · abgeriebene Schale von ½ Zitrone · Saft von 1 Zitrone · 125 g Margarine (milchfrei) · 50 g Zitronat · 100 g Puderzucker

- Speisestärke und Mehl in eine Schüssel geben und mit Zucker und Bindobin mischen. Die Zitronenschale, 3 Esslöffel Zitronensaft und die weiche Margarine hinzufügen. Mit einem Handrührgerät verkneten. Den Teig in Frischhaltefolie gewickelt 1 Stunde im Kühlschrank ruhen lassen.
- 20 cm lange, bleistiftdicke Rollen formen und zu Brezeln zusammenlegen. Auf einem mit Backpapier ausgelegten Backblech im 190 Grad heißen Backofen(Umluft 175 Grad) etwa 15 bis 17 Min. backen.
- Brezeln auf einem Rost erkalten lassen. Zitronat fein hacken und aus dem Puderzucker und etwas Zitronensaft einen Zitronenguss mischen. Die Brezeln mit dem Guss überziehen und mit Zitronat bestreuen.

**Nährwerte pro Portion**

91 kcal/ 0,7 g E/ 3,4 g F/ 14,2 g KH

*Tipp*

Für dieses Rezept brauchen Sie ein wenig Geduld: Die Brezeln sind sehr mürbe, und so brechen die Rollen schnell auseinander. Mürbteig muss außerdem kalt sein. Am besten nehmen Sie erst nur einen Teil des Teiges aus dem Kühlschrank und lassen den Rest kalt stehen, während Sie den ersten Teil formen.

## Baseler Leckerli

Ein edler Klassiker, der, in einer hübschen Dose verpackt, auch als Geschenk ideal ist.

▶ Für 2 Backbleche

**Gelingt leicht** 45 Min.

75 g Orangeat · 75 g Zitronat · 750 g Honig · 500 g Zucker · 375 g Mandeln · 875 g Mehl · 2 TL Hirschhornsalz · 2 TL Pottasche · 30 g Zimt · 1 Prise Nelken, gemahlen · 1 gestrichener TL Muskatnuss, frisch gerieben · Schale von ½ Zitrone · Saft von 1 Zitrone · 2 EL Kirsch- oder Zwetschgenwasser · 150 g Puderzucker

- Orangeat und Zitronat in etwa 3 mm große Würfel schneiden. Honig und Zucker in einer Pfanne auflösen. Die Mandeln mit einem Messer ungeschält in lange Stifte hacken und zu der Honigmasse geben (nicht kochen lassen).
- Mehl mit dem Hirschhornsalz und der Pottasche auf ein Backbrett geben, in die Mitte eine große Vertiefung drücken. Dort hinein Orangeat, Zitronat, alle Gewürze, die Zitronenschale, die Hälfte des Zitronensafts und Kirsch- oder Zwetschgenschnaps geben.
- Die warme Honig-Mandel-Masse löffelweise dem Mehl hinzufügen und gut verkneten. Den Teig in zwei Teilen auf einem gefetteten und bemehlten Backblech etwa ½ cm dick ausrollen. Im 180 Grad heißen Backofen (Umluft 160 Grad) in etwa 15 Min. hellbraun backen.
- Aus dem Ofen nehmen und auf dem Blech noch warm in kleine Vierecke schneiden. Aus dem gesiebten Puderzucker und dem restlichen Zitronensaft einen dickflüssigen Zuckerguss anrühren und die Leckerli damit bepinseln.

**Nährwerte pro Portion**

109 kcal/ 1,6 g E/ 2,2 g F/ 20,3 g KH

## Cognac-Ringe

Vielleicht eher etwas für die Erwachsenen.

▶ Für 70 Stück

**Gelingt leicht** 30 Min.

250 g Margarine (milchfrei) · 120 g Puderzucker · 1 EL Cognac · 1 Prise Salz · 360 g Mehl · 30 g Kakao · 50 g Mandeln, grob gehackt

- Margarine und Puderzucker schaumig schlagen und Cognac und Salz hinzufügen. Löffelweise das Mehl und den Kakao unterrühren.
- Die Teigmasse muss so geschmeidig sein, dass man sie leicht aufs Blech spritzen kann. Wenn der Teig zu fest ist, etwas mehr Cognac dazugeben.
- Die Teigmasse in den Spritzbeutel oder eine Teigspritze füllen und auf ein gefettetes Backblech Ringe spritzen. Mit grob gehackten Mandeln bestreuen. Im 175 Grad heißen Backofen (Umluft 160 Grad) auf der mittleren Schiene in etwa 10 bis 12 Min. hellbraun backen.
- Etwas abkühlen lassen, dann vom Blech nehmen und auf einem Kuchengitter vollständig auskühlen lassen.

**Nährwerte pro Stück**

56 kcal / 0,7 g E / 3,4 g F / 5,5 g KH

## Schneetaler

Wem Vanillekipferl zu langweilig sind, der sollte einmal die mürben Schneetaler probieren.

▶ Für 70 Stück

**Preisgünstig** 30 Min.

300 g Mehl · 100 g Zucker · 2 Päckchen Vanillezucker · 275 g Margarine (milchfrei) · 100 g Mandeln, gemahlen (oder Haselnüsse) · 50 – 75 g Puderzucker

- Mehl in eine Schüssel geben und in die Mitte eine Vertiefung drücken. Zucker und 1 Päckchen Vanillezucker, die in Stücke geschnittene gekühlte Margarine und die Mandeln hinzufügen. Mit etwas Mehl bedecken und schnell zu einem glatten Teig verarbeiten.
- Den Teig portionsweise ausrollen, mit einer runden Form ausstechen und aufs gefettete Backblech legen. Im 175 bis 200 Grad heißen Backofen (Umluft 150 bis 180 Grad) etwa 8 bis 10 Min. backen.
- Kekse auf einem Kuchengitter auskühlen lassen. Puderzucker sieben, mit dem restlichen Vanillezucker mischen und die noch warmen Kekse darin wälzen.

**Nährwerte pro Stück**

62 kcal / 0,7 g E / 4,0 g F / 5,8 g KH

## SO WIRD'S GEMACHT

### Kekse richtig aufbewahren

- Kekse auf einem Kuchenrost stets vollständig abkühlen lassen.
- Kekse nach Sorten getrennt in gut schließende Blechdosen geben, damit sich die Aromen nicht vermischen.
- Um ein Zusammenkleben zu vermeiden, zwischen die einzelnen Lagen Kekse Butterbrotpapier legen.
- Knusprige Kekse sofort nach dem Abkühlen in einer gut schließenden Dose aufbewahren.
- Gebäcke, die weich werden sollen, wie z. B. Lebkuchen oder Printen, einige Tage an der Luft stehen lassen und dann in Blechdosen oder Steinguttöpfen lagern.
- Stollen und feste Kuchen werden in Folie verpackt, nachdem sie vollkommen abgekühlt sind. Kühl lagern.
- Kekse lassen sich außerdem gut einfrieren – am besten vakuumverpackt in Gefrierbeuteln.

## Honigkuchen

Ein himmlischer Honigkuchen, bei dem man nach Herzenslust zugreifen darf – er ist von Natur aus fettarm.

▶ Für 1 Blech (20 Stücke)

**Braucht etwas mehr Zeit** ⏲ **1 Std.**

175 g Honig · 50 g Zucker · 50 g Margarine (milchfrei) · 250 g Mehl · 1 Päckchen Zitroback (z. B. von Schwartau) · 1 EL Kakao · 1 Msp. Nelken, gemahlen · 1 Msp. Kardamom, gemahlen · 3 TL Backpulver · 50 g Orangeat · 50 g Korinthen · 150 g Mandeln, gemahlen · 2 – 3 EL Mandeln · 1 – 2 EL Zitronensaft · 100 g Puderzucker · ca. 30 Belegkirschen

- Honig, Zucker, Margarine und 2 Esslöffel Wasser langsam erhitzen, bis sich alles aufgelöst hat. Mehl, Zitroback, Kakao, Nelken, Kardamom und Backpulver miteinander vermischen und ⅔ davon in das Honig-Gemisch rühren.
- Orangeat und Korinthen fein hacken und zusammen mit den gemahlenen Mandeln zum Teig geben und gut verkneten. Anschließend den Rest des Mehlgemischs unterkneten.
- Teig auf einer bemehlten Arbeitsfläche ungefähr ½ cm dick ausrollen und auf einem mit Backpapier ausgelegten Backblech etwa 12 bis 15 Min. im 180 Grad (Umluft 160 Grad) heißen Backofen backen.
- Mandeln mit heißem Wasser überbrühen und häuten. Der Länge nach halbieren. Den Zitronensaft mit dem gesiebten Puderzucker vermischen. Den noch warmen Honigkuchen in Rechtecke schneiden und die Stücke mit dem Guss bepinseln. Mit Mandeln und Kirschen verzieren.

**Nährwerte pro Stück**

220 kcal / 2,0 g E / 15,1 g F / 19,1 g KH

## Marzipan-Stollen

Ein Klassiker zu Weihnachten, der genauso schmeckt, wie ein Stollen schmecken soll.

▶ Für 1 Stollen (20 Stücke)

**Gelingt leicht** ⏲ **30 Min. + 1 ½ Std. Ruhezeit + 1 Std. Backzeit**

1 Messlöffel Bindobin (aus dem Reformhaus) · 3 EL Sojadrink · 500 g Mehl · 1 Würfel Hefe · 100 g Honig · 190 g Margarine (milchfrei) · 1 Prise Salz · 2 TL Orangeback · 2 TL Zitroback · 250 g Rosinen · 250 g Marzipan-Rohmasse · Puderzucker

- Bindobin in 100 ml Wasser auflösen. Den Sojadrink und 3 Esslöffel Wasser leicht erwärmen. Das Mehl in eine Schüssel geben, in die Mitte eine Vertiefung drücken, die Hefe hineinbröckeln und mit etwas Honig, der Sojadrink-Wasser-Mischung und ein wenig Mehl verrühren. Den Vorteig zugedeckt an einem warmen Ort etwa 15 Min. gehen lassen.
- Den restlichen Honig, 150 g Margarine, Salz, Orangeback, Zitroback und aufgelöstes Bindobin um den Vorteig in der Schüssel platzieren. Zutaten von außen nach innen verkneten, bis ein geschmeidiger Teig entsteht. Zugedeckt an einem warmen Ort etwa 1 Stunde gehen lassen, bis er sein Volumen verdoppelt hat.
- Nochmals durchkneten und die Rosinen einarbeiten. Teig auf einer bemehlten Arbeitsfläche zu einem 4 bis 5 cm dicken Oval ausrollen, Marzipan zu einer Rolle formen und längs auf den Teig legen. Den Teig so zu einem Stollen aufrollen, dass der untere Teil des Teiges etwas übersteht. Den Stollen auf ein gefettetes Backblech setzen und zugedeckt nochmals 20 Min. gehen lassen.
- Im 180 Grad heißen Backofen (Umluft 160 Grad) etwa 1 Stunde backen. Noch heiß mit 2 Esslöffeln flüssiger Margarine bestreichen und mit Puderzucker bestäuben.

**Nährwerte pro Stück**

282 kcal / 4,5 g E / 12,2 g F / 37,8 g KH

▶ Marzipan-Stollen

## Stollen-Kekse

Warum Stollen immer am Stück backen – die Mini-Stollen passen viel besser auf den Plätzchenteller.

▶ Für 25–30 Stück

Braucht etwas mehr Zeit ⏲ 1 Std.

75 g Rosinen · 30 g Marzipanrohmasse · 250 g Margarine (milchfrei) · 100 g Zucker · 375 g Mehl · 1 Messlöffel Bindobin (aus dem Reformhaus) · 1 Päckchen Vanillezucker · 1 Päckchen Früchte-Mix gewürfelt (z. B. von Schwartau) · Puderzucker

- Rosinen und Marzipan fein hacken. Margarineflöckchen mit Zucker, Mehl, Bindobin, Vanillezucker, Rosinen, Früchte-Mix und Marzipan zu einem glatten Teig verkneten. Teig in Frischhaltefolie gewickelt 30 Min. im Kühlschrank ruhen lassen.
- Auf einer bemehlten Arbeitsfläche zu einer langen Rolle formen (∅ 2 cm). Diese in 10 cm lange Stücke schneiden. Je zwei Stränge miteinander verwickeln.
- Auf ein mit Backpapier ausgelegtes Backblech legen und im 175 Grad heißen Backofen (Umluft 160 Grad) etwa 15 Min. backen. Nach dem Abkühlen mit Puderzucker bestäuben.

**Nährwerte pro Stück**

131 kcal / 1,4 g E / 7,2 g F / 15,1 g KH

## Braune Kuchenfiguren

Backen Sie Ihre Weihnachtsmitbringsel einfach selbst: Diese hier schmecken nach Zimt, Nelken und Kardamom.

▶ Für 3–4 Bleche (ca. 50 Stück)

Gut vorzubereiten ⏲ 30 Min. + 2–3 Tage Wartezeit

375 g Zuckerrübensirup · 100 g Schmalz (ohne Grieben und ohne Knoblauch) · 50 g Zucker · 500 g Mehl · 125 g Speisestärke · 1 Päckchen Backpulver · abgeriebene Schale von 1 Zitrone · 1 TL Zimt · 1 TL Nelken, gemahlen · 1 TL Kardamom, gemahlen

- Zuckerrübensirup, Schmalz und Zucker unter Rühren erhitzen und abkühlen lassen.
- Mehl, Speisestärke, Backpulver, Zitronenschale und die Gewürze miteinander vermischen. Sirup unterrühren und alles zu einem glatten Teig verkneten.
- Zwei bis drei Tage zugedeckt im Kühlschrank ruhen lassen. Teig messerrückendick auf einer bemehlten Arbeitsfläche ausrollen. Figuren ausstechen. Backblech mit Backpapier auslegen und die Plätzchen darauf bei 200 Grad 8 bis 10 Min. backen.

**Nährwerte pro Stück**

90 kcal / 1,0 g E / 2,1 g F / 16,4 g KH

## WISSEN

### Weihnachtszeit – nicht ganz unproblematisch für Allergiker

Gerade in der Weihnachtszeit gibt es zahlreiche Leckereien, die typische Wintergewürze wie Zimt oder Nelken enthalten. Genau diese Zutaten können für Allergiker jedoch problematisch werden – nicht nur für Nahrungsmittelallergiker. Personen, die auf bestimmte Pollen allergisch reagieren, leiden auch sehr oft an einer Kreuzallergie gegen bestimmte Nahrungsmittel. So ist es durchaus möglich, dass eine Person, die eigentlich nur eine Allergie gegen Birkenpollen hat, mit Heuschnupfen und Augenjucken auf Anisplätzchen reagiert. Bitte beachten Sie, dass gerade in Weihnachtsgebäck wie Lebkuchen, aber auch in Heißgetränken wie Glühwein zahlreiche Gewürze enthalten sind. Aber nicht nur die Gewürze können zum Problem werden. Möchte z. B. ein Milch- und Ei-Allergiker Weihnachtsgebäck (Kekse, Stollen usw.) kaufen, wird er, bis auf wenige Ausnahmen, auch im Reformhaus nichts finden. Aus diesem Grunde ist Kreativität Ihr größtes Gut. Versuchen Sie, »normale« Rezepte umzubauen.

## Christmas Cookies

Nicht nur zu Weihnachten passen die schokoladigen Cookies gut zu einer Tasse Kaffee oder Tee.

▶ Für 50 Stück

**Geht schnell** ⏲ 25 Min.

150 g Margarine (milchfrei) · 100 g Zucker · 80 g brauner Rohrzucker · 2 Päckchen Vanillezucker · 1 Messlöffel Bindobin (aus dem Reformhaus) · ½ TL Backpulver · ¼ TL Salz · 180 g Mehl · 100 g Haselnüsse, gehackt (wenn Haselnüsse nicht vertragen werden: Mandeln) · 150 g Schokoladentröpfchen, zartbitter (milchfrei)

- Margarine mit beiden Zuckersorten schaumig rühren. Vanillezucker und Bindobin hinzufügen.
- Das mit dem Backpulver und Salz gemischte Mehl unterrühren und die gehackten Haselnüsse und die Schokoladentröpfchen einarbeiten.
- Mit zwei Teelöffeln kleine Häufchen nicht zu dicht nebeneinander auf ein ungefettetes Backblech setzen. Im 175 Grad heißen Backofen (Umluft 160 Grad) in 12 bis 14 Min. goldbraun backen.

**Nährwerte pro Stück**

77 kcal/ 0,8 g E/ 4,7 g F/ 8,0 g KH

### Häufige Kreuzallergien

| Pollen | Nahrungsmittel |
|---|---|
| Birke, Hasel, Erle | Haselnuss, Walnuss, Erdnuss, Mandel, Apfel, Birnen, Curry, Karotten, Tomaten |
| Gräser/Getreide | Getreide-Mehle, Erdnuss, Erbsen, Soja |
| Kräuter (Beifuß) | Curry, Kümmel, Anis, Muskat, Ingwer, Zimt, Kamille |

## Orangen-Mandeltaler

Warum zu Weihnachten nicht mal etwas anderes ausprobieren?

▶ Für ca. 50 Stück

**Braucht etwas mehr Zeit** ⏲ 2 Std.

125 g Margarine (milchfrei) · 100 g Zucker · abgeriebene Schale von 2 Orangen (unbehandelt) · 1 Prise Salz · 2 EL Orangenlikör · 200 g Mehl · 75 g Mandeln, gehackt · Saft ½ Orange · 100 g Puderzucker

- Margarine in einem Topf schmelzen und leicht bräunen, dann in einer Schüssel abkühlen lassen. Sobald die Margarine wieder fest wird, schaumig rühren und dabei den Zucker, die Hälfte der Orangenschale, das Salz und 1 Esslöffel Likör hinzufügen.
- Das Mehl unterkneten, den Teig zu zwei Rollen von etwa 20 cm Länge formen und in den Mandeln wälzen. Vorsichtig in Frischhaltefolie wickeln und etwa 1 Stunde im Kühlschrank ruhen lassen.
- Einen halben Zentimeter dicke Scheiben von der Rolle abschneiden und im 200 Grad (Umluft 180 Grad) heißen Backofen etwa 10 Min. backen.
- Den Orangensaft mit dem gesiebten Puderzucker und dem restlichen Likör zu einem Guss verrühren. Auf die Plätzchen streichen und mit der restlichen Orangenschale verzieren.

**Nährwerte pro Stück**

58 kcal/ 0,7 g E/ 2,9 g F/ 7,1 g KH

## Wasserwecken

Die Wasserwecken sind herrlich knusprig und schmecken mit Marmelade oder herzhaftem Belag.

▶ Für 10 Stück

**Preisgünstig** ⏲ **15 Min. + 1 Std. Ruhezeit + 30 Min. Backzeit**

250 g Weizenmehl Type 405 · 250 g Weizenmehl Type 1050 · 1 Päckchen Trockenhefe · 3 EL Öl · 2 TL Salz

- Die beiden Mehlsorten und die Hefe in einer großen Schüssel miteinander mischen. ¼ l Wasser mit dem Öl und 1 Teelöffel Salz in einem Topf langsam erhitzen, bis die Mischung lauwarm ist.
- Die Flüssigkeit zum Mehl gießen und alles zu einem glatten Teig verkneten. 8 bis 10 Min. kräftig durchkneten. Aus dem Hefeteig etwa zehn ovale Brötchen formen und diese auf ein gefettetes, bemehltes Backblech legen. Zugedeckt an einem warmen Ort mindestens 1 Std. gehen lassen.
- Brötchen mit einem angefeuchteten Messer längs einschneiden. In ½ Tasse Wasser 1 Teelöffel Salz auflösen und damit die Wecken bepinseln. Im 170 Grad (Umluft 155 Grad) heißen Backofen in 30 Min. knusprig backen.

**Nährwerte pro Brötchen**

201 kcal / 5,5 g E / 4,3 g F / 34,8 g KH

*Tipp*

**Viele Bäcker verkaufen sogenannte »Wasserwecken«. Fragt man aber kritisch nach, erfährt man sehr oft, dass sie doch Milcheiweiß enthalten und zu guter Letzt noch mit Ei bepinselt wurden.**

### WISSEN

#### Von 405 bis 1800

Von Weizen und Roggen, den meistverzehrten Mehlarten, sind unterschiedliche Sorten erhältlich. Die Zahlen, also z. B. Weizenmehl »Type 405«, drücken aus, wie hoch der Anteil an Randschichten im Mehl ist. Das am weitesten verbreitete »Type 405« besteht nur aus dem stärkehaltigen Mehlkern und besitzt kaum Anteile der Randschichten. Mit höherer Zahl wächst auch der Anteil an Randbestandteilen. Das Mehl mit dem höchsten Randschichtenanteil ist das mit der »Type 1700«. Dunkleres Mehl eignet sich für Brot, da es so besonders lange saftig bleibt. Feines Gebäck und Kuchen schmecken vielen mit hellem Mehl am besten.

Roggenmehl gibt es nicht als »Type 405«, sein geringster Anteil an Randschichten heißt »Type 610«, sein größter »Type 1800«. Bei Vollkornmehlen werden zusätzlich noch die ölhaltigen Keime mitvermahlen. Je höher die Typenzahl, desto gesünder, aber auch leichter verderblich ist das Mehl. Insbesondere Vollkornmehl hält sich nur begrenzt, weil es Fett enthält, das ranzig werden kann. Bewahren Sie Mehl stets trocken, dunkel und luftdicht verschlossen auf.

◀ Wasserwecken

## Einfaches Weißbrot

Es muss ja nicht immer vollwertig und gesund sein.

▶ Für 1 Brot (12 Scheiben)

**Gelingt leicht** ⏲ **15 Min. + 1 Std. Ruhezeit + 40 min. Backzeit**

500 g Mehl · 1 Würfel Hefe · 1 TL Zucker · 1 TL Salz · 1 TL Margarine (milchfrei) · Fett für die Form

- Das Mehl in eine Schüssel geben, in die Mitte eine Vertiefung drücken, die Hefe hineinbröckeln und mit dem Zucker, 150 ml lauwarmem Wasser und ein wenig Mehl verrühren. Den Vorteig zugedeckt an einem warmen Ort etwa 15 Min. gehen lassen.
- Margarine, Salz und 150 ml Wasser unter das Mehl und den Vorteig kneten. Mit einem Handrührgerät zu einem glatten Teig verkneten. Auf höchster Stufe etwa 3 Min. oder von Hand 5 Min. kneten.
- Teig zugedeckt an einem warmen Ort etwa 15 Min. gehen lassen. Teig durchkneten und in eine gefettete Kastenform füllen. Form mit einem Tuch abdecken und noch einmal 30 Min. gehen lassen. Danach sollte der Teig sein Volumen fast verdoppelt haben.
- Den Teig der Länge nach mit einem befeuchteten Messer 1 cm tief einschneiden. Im 225 Grad heißen Backofen (Umluft 190 Grad) auf der mittleren Schiene 40 Min. backen. Nach dem Backen das Brot aus der Form nehmen. Erst anschneiden, nachdem es vollständig ausgekühlt ist.

**Nährwerte pro Scheibe**

151 kcal/ 4,7 g E/ 1,1 g F/ 30 g KH

## Pizzateig

Hier können Träume wahr werden. Belegen nach Herzenswunsch.

▶ Für 1 Blech (12 Stücke)

**Gelingt leicht** ⏲ **15 Min. + 1 Std. Ruhezeit + 20 Min. Backzeit**

500 g Mehl · 2 TL Salz · 1 TL Zucker · 1 EL Öl · 1 Päckchen Trockenhefe

- Mehl, Salz, Zucker und Öl in eine Schüssel füllen. Hefe und 300 ml lauwarmes Wasser verrühren. Alles zu einem glatten Teig verkneten. Der Teig klebt sehr – aber das ist erwünscht.
- Zu einer Kugel formen und 1 Stunde zugedeckt an einem warmen Ort gehen lassen.
- Anschließend ausrollen und nach Belieben belegen. Im 200 Grad heißen Backofen (Umluft 180 Grad) auf der mittleren Schiene etwa 20 Min. backen.

**Nährwerte pro Stück**

152 kcal/ 4,3 g E/ 1,4 g F/ 30,1 g KH

### Tipp

Pizza auf Vorrat: Bereiten Sie gleich die doppelte Menge Pizzateig zu und formen Sie kleine Pizzaböden, belegen Sie diese nach Wunsch und backen Sie sie nur wenige Minuten, bis der Teig aufgeht. Frieren Sie die vorgebackenen Pizzen einzeln ein. Sie werden bei Bedarf aufgetaut, der Belag ergänzt und im 200 Grad heißen Backofen (Umluft 180 Grad) etwa 10 Min. gebacken.

# So wird's gemacht: Pizzateig

Hefe in Wasser auflösen, die übrigen Zutaten in eine Schüssel geben.

Hefewasser unter die übrigen Zutaten kneten.

Den Teig abgedeckt an einem warmen Ort gehen lassen.

Teig ausrollen und belegen.

## Laugengebäck

Ein Klassiker aus Bayern.

▶ Für 8 – 10 Brezeln

**Braucht etwas mehr Zeit** ⏲ 1 Std.

500 g Mehl · 1 Würfel Hefe · ½ Tasse Zucker · 1 TL Salz · körniges Salz zum Bestreuen · 3 EL Natron

- Das Mehl in eine Schüssel geben, in die Mitte eine Vertiefung drücken, die Hefe hineinbröckeln und mit etwas Zucker, 150 ml lauwarmem Wasser und ein wenig Mehl verrühren. Den Vorteig zugedeckt an einem warmen Ort etwa 15 Min. gehen lassen.
- Den restlichen Zucker, weitere 100 bis 150 ml Wasser und das Salz unter das Mehl und den Vorteig kneten. Den Teig in etwa 10 Teile teilen.
- Je nach Wunsch Brezeln, Brötchen oder Hörnchen formen. Für Brezeln bleistiftdicke Stränge von etwa 30 cm Länge rollen und zu Brezeln formen. Die Teiglinge nochmals zugedeckt an einem warmen Ort 15 Min. gehen lassen.
- Natron in 1 Liter kochendem Wasser auflösen. Die Teiglinge mit einem Schaumlöffel in die kochende Lauge geben. Sobald sie wieder an die Oberfläche kommen, herausnehmen und auf ein mit Backpapier ausgelegtes Backblech legen. Die Brötchen kreuzweise mit einem scharfen Messer einschneiden.
- Mit körnigem Salz bestreuen und im 220 Grad (Umluft 200 Grad) heißen Backofen 15 bis 20 Min. backen.

**Nährwerte pro Brezel**

200 kcal/ 5,6 g E/ 0,6 g F/ 42,5 g KH

### WISSEN

**Natron**

Natron können Sie im Supermarkt kaufen. Dort finden Sie es meist als Kaiser-Natron im Gewürzregal. Bei einer Backzeit von 15 Min. wird das Laugengebäck eher weich, nach 20 Min. schön knusprig.

## Griechischer Sesamring

Wer Sesam mag, wird verrückt sein nach diesem herzhaften und lockeren Brot.

▶ Für 1 Brot (14 Scheiben)

**Gelingt leicht** ⏲ 15 Min. + 1½ Std. Ruhezeit + 45 Min. Backzeit

500 g feines Vollkornmehl · 1 Würfel Hefe oder 1 Päckchen Trockenhefe · 1 EL Honig · 100 g Sesam · 1 Messlöffel Bindobin (aus dem Reformhaus) · 1 – 2 TL Salz · 2 EL Öl · Sojadrink zum Bepinseln

- Das Mehl in eine Schüssel geben, in die Mitte eine Vertiefung drücken, die Hefe hineinbröckeln (bzw. die Trockenhefe hineingeben) und mit dem Honig, 150 ml lauwarmem Wasser und ein wenig Mehl verrühren. Den Vorteig zugedeckt an einem warmen Ort etwa 15 Min. gehen lassen.
- Den Sesam in einer Pfanne ganz leicht anrösten. Bindobin, Salz, Öl, 150 ml Wasser und die Hälfte des Sesams unter das Mehl und den Vorteig kneten. Gut durchkneten und zugedeckt an einem warmen Ort etwa 45 Min. gehen lassen. Anschließend Teig nochmals kneten und zu einer Kugel formen.
- Mit beiden Daumen in die Mitte der Teigkugel ein Loch drücken und vorsichtig einen Ring formen. Mit lauwarmem Sojadrink bepinseln und mit etwas Sesam bestreuen. Nochmals 30 Min. gehen lassen. Im 200 Grad (Umluft 180 Grad) heißen Backofen 40 bis 50 Min. backen.

**Nährwerte pro Scheibe**

174 kcal/ 6,0 g E/ 6,3 g F/ 23,2 g KH

▶ Griechischer Sesamring

## Französisches Baguette

Außen knusprig, innen locker und weich.

▶ Für 2 Baguettes

**Braucht etwas mehr Zeit** ⏲ **20 Min. + 1 ½ Std. Ruhezeit + 30 Min. Backzeit**

500 g Mehl · 1 Würfel Hefe · 2 TL Zucker · 1 TL Salz · Öl

- Das Mehl in eine Schüssel geben, in die Mitte eine Vertiefung drücken, die Hefe hineinbröckeln und mit 2 Teelöffeln Zucker, 150 ml lauwarmem Wasser und ein wenig Mehl verrühren. Den Vorteig zugedeckt an einem warmen Ort etwa 15 Min. gehen lassen.
- Salz und 100 ml Wasser unter das Mehl und den Vorteig kneten. Mit einem Handrührgerät zu einem elastischen Teig verkneten. Zu einer Kugel formen, in eine Schüssel legen und diese zugedeckt auf die offene Ofentür des 50 Grad heißen Backofens stellen. Dort ungefähr 45 Min. gehen lassen. Das Teigvolumen sollte sich verdoppeln.
- Anschließend den Teig auf einer bemehlten Arbeitsfläche kurz durchkneten. Die Teigmenge halbieren und jede Hälfte zu einem Rechteck von 15 × 30 cm ausrollen. Von der längeren Seite her eng einrollen. Dabei jedes Mal mit den Fingern den Teig fest andrücken. Zum Schluss die Abschlusskante auf der ganzen Länge fest zusammendrücken.
- Die beiden Brote mit dem Schlitz nach unten auf ein geöltes Backblech legen und erneut 30 Min. gehen lassen. Anschließend mit einem scharfen Messer schräg etwa 1 cm tief einschneiden.
- Ein Backblech auf den Boden des Backofens stellen. Die Brote großzügig mit Wasser bepinseln und im 220 Grad (Umluft 200 Grad) heißen Backofen auf mittlerer Schiene backen. Nach 5 Min. eine Tasse Wasser auf das untere Backblech gießen und die Ofentür schnell wieder schließen.
- Nach 10 Min. Backzeit die Ofentür kurz öffnen, um den Dampf abziehen zu lassen. Die Brote in weiteren 20 Min. fertig backen und auf dem Kuchengitter auskühlen lassen.

**Nährwerte pro Baguette**

940 kcal / 28 g E / 8,7 g F / 184 g KH

## Kümmelbrot

Herzhaft – mit Vollkornmehl.

▶ Für 1 Brot (14 Scheiben)

**Braucht etwas länger** ⏲ **30 Min. + 1 Std. Backzeit**

675 g feines Weizenvollkornmehl · 30 g frische Hefe · 1 TL Zucker · 1 TL Salz · 1 TL Kümmel · Fett für die Form

- Das Mehl in eine Schüssel geben, in die Mitte eine Vertiefung drücken, die Hefe hineinbröckeln und mit 1 Teelöffel Zucker, 150 ml lauwarmem Wasser und ein wenig Mehl verrühren. Den Vorteig zugedeckt an einem warmen Ort etwa 15 Min. gehen lassen.
- Salz, Kümmel und 350 ml Wasser unter das Mehl und den Vorteig kneten. Mit einem Handrührgerät zu einem glatten Teig verkneten. Den Teig in eine leicht mit Margarine gefettete Kastenform geben, glatt drücken und mit einem Messer etwa ½ cm tief einschneiden.
- Das Brot in den nicht vorgeheizten Ofen auf den unteren Rost stellen. 15 bis 20 Min. bei 50 Grad (Umluft 45 Grad) gehen lassen und danach in 40 bis 45 Min. bei 225 Grad (Umluft 200 Grad) ausbacken.

**Nährwerte pro Scheibe**

157 kcal / 5,9 g E / 1,5 g F / 29,4 g KH

## Maisbrot

Passt ideal zu Gemüsevorspeisen. Leicht angeröstet – herrlich.

▶ Für 1 Brot (12 Scheiben)

**Braucht etwas mehr Zeit** ⏲ **20 Min. + 1 3/4 Std. Ruhezeit + 1 Std. Backzeit**

300 g Weizenmehl · 20 g frische Hefe · 1 TL Zucker · 200 g Maismehl · 1/2 TL Salz · Fett für die Form

- Das Weizenmehl in eine Schüssel geben, in die Mitte eine Vertiefung drücken, die Hefe hineinbröckeln und mit 1 Teelöffel Zucker, 1/8 l lauwarmem Wasser und ein wenig Mehl verrühren. Den Vorteig zugedeckt an einem warmen Ort etwa 15 Min. gehen lassen.
- Maismehl, Salz und 1/4 l Wasser unter das Mehl und den Vorteig kneten. Mit den Knethaken des Handrührgeräts zu einem festen Teig kneten und zu einer Kugel geformt zugedeckt 30 Min. gehen lassen.
- Den Teig erneut durchkneten. Einen Laib formen, in eine gefettete Kastenform legen und zugedeckt etwa 1 Stunde gehen lassen. Die Oberfläche mit Wasser bepinseln und das Brot im 225 Grad (Umluft 200 Grad) heißen Backofen 50 bis 60 Min. backen. Noch heiß mit Wasser benetzen.

**Nährwerte pro Scheibe**

152 kcal / 4,1 g E / 1,4 g F / 30,3 g KH

## Apfelbrot

Wunderbar saftig und fruchtig – und es hält lange frisch.

▶ Für 1 Brot (18 Scheiben)

**Gelingt leicht** ⏲ **30 Min. + 12 Std. Ruhezeit + 1 1/2 Std. Backzeit**

750 g Äpfel · 200 g Honig · 200 g Rosinen · 125 g Haselnüsse · 1 TL Zimt · 1 EL Kakao · 1 Prise Nelken, gemahlen · 1 cl Calvados · 500 g Vollkornmehl · 1 Päckchen Backpulver · Fett für die Form

- Die Äpfel abspülen, vom Kerngehäuse befreien und in kleine Würfel schneiden. Mit dem Honig vermengen und über Nacht ziehen lassen.
- Rosinen, Haselnüsse, Gewürze, Calvados, Mehl und Backpulver mit den Äpfeln vermischen und zu einem geschmeidigen Teig kneten. Teig in eine gefettete Kastenform füllen und im 175 Grad (Umluft 160 Grad) heißen Backofen 1½ Stunden backen.

**Nährwerte pro Scheibe**

229 kcal / 4,6 g E / 6,2 g F / 37,5 g KH

## Herzhaftes Nussbrot

Da braucht man keinen Belag mehr.

▶ Für 1 Brot (10 Scheiben)

**Preisgünstig** ⏲ **30 Min. + 1 1/4 Std. Backzeit**

250 g Speisestärke · 30 g frische Hefe · 2 EL Zucker · 100 g Haselnüsse, gerieben · 1 ML Bindobin (aus dem Reformhaus) · 20 g Sesam · 1 TL Salz · 1 TL Backpulver · Fett für die Form

- Die Speisestärke in eine Schüssel geben, in die Mitte eine Vertiefung drücken, die Hefe hineinbröckeln und mit 1 Esslöffel Zucker, 100 ml lauwarmem Wasser und ein wenig Stärke verrühren. Den Vorteig zugedeckt an einem warmen Ort etwa 15 Min. gehen lassen.
- Einen Esslöffel Zucker, Nüsse, Bindobin, Sesam, Salz und Backpulver mischen und zum Vorteig geben. 300 ml lauwarmes Wasser hinzufügen und mit dem Schneebesen in die Stärkemischung einrühren.
- Den Teig in eine gefettete Kastenform füllen und zusammen mit einer Tasse Wasser in den kalten Backofen stellen. Den Ofen auf 200 bis 225 Grad (Umluft 180 bis 200 Grad) aufheizen und dann das Brot etwa 70 bis 80 Min. backen.

**Nährwerte pro Scheibe**

178 kcal / 2,2 g E / 7,2 g F / 25,9 g KH

# Für Gäste

Gäste einladen, Freunde begrüßen, Festtage gemeinsam feiern – es gibt viele gute Gründe für besondere Speisearten. Vom Brunch bis zum Picknick, es ist immer schön, neue Speisen anbieten zu können. Oft kennen Allergiker auch besonders viele Allergiker. Hier empfiehlt es sich, bei Einladung der Gäste nach Besonderheiten zu fragen. Vielleicht sollte man auch etwas für Veganer anbieten? An dieser Stelle einige Vorschläge, wie Sie die Gästebewirtung gestalten können.

## Zum Brunch

Überraschen Sie doch mal Ihre Freunde an einem Sonntagvormittag mit einem lecker-deftigen Brunch, also einer Mischung aus Frühstück (breakfast) und Mittagessen (lunch).

S. 30 Birchermüsli
S. 32 Himbeerkonfitüre
S. 47 Avocadocreme
S. 48 Knoblauchschmalz
S. 76 Frikadellen
S. 46 Curry-Dip
S. 44 Paprika-Tomaten-Dip
S. 46 Soja-Knoblauch-Dip
S. 104 Exotischer Obstsalat
S. 27 Waffeln
S. 130 Laugengebäck
S. 127 Wasserwecken
S. 132 Französisches Baguette

## Zum Grillfest

Schönes Wetter, gute Laune, leichtes Essen und liebe Freunde – das ist alles, was Sie für einen gelungenen Grillabend brauchen.

S. 133 Herzhaftes Nussbrot
S. 130 Griechisches Sesambrot
S. 106 Gegrillte Ananas
S. 46 Curry-Dip
S. 44 Paprika-Tomaten-Dip
S. 46 Soja-Knoblauch-Dip
S. 48 Baked Potato mit Sourcream
S. 77 Fleischspieße mit Champignons
S. 42 Kartoffelsalat mit Rindfleisch
S. 42 Kartoffelsalat mit Apfel
S. 38 Schneller Maissalat
S. 43 Reissalat
S. 103 Mediterraner Obstsalat

## Festliches Weihnachtsessen

Leise tanzen Schneeflocken, das Kaminfeuer brennt, und es duftet nach leckeren Speisen.

S. 36 Bärlauchsuppe
S. 73 Ente mit Apfel-Zwiebel-Füllung
S. 94 Rotkohl
S. 78 Festtagsbraten
S. 102 Äpfel im Schlafrock

## Leichtes Frühlingsmenü

Vogelgezwitscher, Duft nach Primeln und Narzissen, dazu liebe Freunde und ein leckeres Menü.

S. 36 Bärlauchsuppe
S. 56 Bauernrisotto
S. 104 Beerensorbet

## Fürs Partybüfett

Für Gesellschaften ab 10 Personen eignet sich besonders gut ein Büfett. So kann sich jeder selbst bedienen, die Gäste kommen leichter ins Gespräch und Sie geraten nicht in den Stress, jeden Gang servieren zu müssen. Hier finden Sie kalte und warme Köstlichkeiten, die auf Ihrem Büfett nicht fehlen dürfen.

S. 38 Klare Tomatensuppe
S. 34 Kürbiscremesuppe
S. 132 Französisches Baguette
S. 42 Deftiger Nudelsalat
S. 39 Klassischer Gurkensalat
S. 43 Reissalat
S. 76 Frikadellen

## Der Kaffeebesuch

Duftender Kaffee und frisch gebackene Kuchen, herrlich!

S. 113 Steirischer Apfelkuchen
S. 116 Kreppel
S. 110 Schokomuffins

## Für ein Familienpicknick

Ein Picknick im Freien ist schön zwanglos und beliebt. Hier eine Auswahl von Köstlichkeiten, die Sie zum Teil schon am Vortag zubereiten können.

S. 132 Kümmelbrot
S. 130 Laugengebäck
S. 76 Frikadellen
S. 77 Fleischspieße mit Champignons
S. 38 Schneller Maissalat
S. 42 Deftiger Nudelsalat
S. 118 Haferkekse
S. 116 Kreppel
S. 104 Exotischer Obstsalat

## Einladung zum Kindergeburtstag

Bei Kindern stets beliebt sind die Klassiker wie Spaghetti und natürlich Naschereien aller Art.

S. 63 Spaghetti mit Soße Bolognese
S. 106 Schoko-Bananen
S. 108 Süßer Couscous
S. 112 Kindertörtchen
S. 114 Weckmänner
S. 117 Marzipanhörnchen
S. 110 Schokomuffins

## Fingerfood für die Stehparty

Leckere Gerichte, die sich gut vorbereiten und sich prima ohne Besteck essen lassen.

S. 53 Wraps
S. 51 Handgeformtes Sushi
S. 76 Frikadellen
S. 130 Griechisches Sesambrot
S. 130 Laugengebäck
S. 112 Apfelmuffins

# Adressen

## Selbsthilfegruppen

**Deutscher Allergie- und Asthmabund (DAAB) e. V.**
Das Portal des Deutschen Allergie- und Asthmabundes e. V. (DAAB) informiert allgemeinverständlich zu Allergie, Asthma, Neurodermitis und selteneren Allergieformen. Die eigenen Aktivitäten (mobile Allergie-Information, Zeitschrift *Allergie-Konkret* und Hotline) werden präsentiert.
**www.daab.de**
Fliethstraße 114
41061 Mönchengladbach
Tel.: 02161/814940

**Deutsche Hilfsorganisation Allergie und Asthma e. V.**
Bonusstraße 32, 21079 Hamburg
Tel.: 040/7631322

**Deutsche Haut- und Allergiehilfe e. V.**
**www.dha-allergien.de**
Gotenstraße 164, 53175 Bonn
Tel.: 0228/367910

**Deutscher Neurodermitis Bund e. V.**
Spaldingstraße 210, 20097 Hamburg
Tel.: 040/230810

## Informationszentren

**Allergie-Dokumentations- und Informationszentrum (ADIZ)**
Homepage des Allergie-Dokumentations- und Informationszentrums in Bad Lippspringe mit ständiger Ausstellung zum Thema Allergie. Information zu den Aktivitäten, assoziierten Verbänden und hilfreiche Links zu anderen Organisationen und Internetseiten.
Kuranstalten und Forschungsinstitute GmbH, **www.adiz.de**
Arminuspark 11, 33175 Bad Lippspringe, Tel.: 05252/954502

**Beratungsstelle für Allergiker und Asthmatiker**
Lacombletstraße 9, 40239 Düsseldorf
Tel.: 0211/622598

**Stiftung Deutscher Polleninformationsdienst**
**www.pollenstiftung.de**

## Allgemeine und spezielle Allergie-Informationen

**www.allergieinfo.de**
Umfangreiche Datenbank mit breit gestreuten Informationen zu Allergie, Asthma, Neurodermitis und Umwelterkrankungen für Betroffene. Etwas unübersichtliche Gliederung, plakative Überschriften, vereinzelt unkritische Übernahme von Neuigkeiten und Werbung; zahlreiche hilfreiche Verknüpfungen und Verbindungen zu anderen Internet-Seiten.

**www.ahaswiss.ch**
Hinter dieser Adresse verbirgt sich das Schweizerische Zentrum für Allergie, Haut und Asthma, eine Patientenorganisation (Stiftung), die sich als Schnittstelle zwischen Ärzten und Patienten versteht. Allgemeinverständliche und gesicherte Informationen zu allergischen Erkrankungen wurden als PDF-Dateien aufbereitet und können kostenfrei heruntergeladen werden.

**www.milchzuckerfrei.de**
bei Lactoseintoleranz

## Im Internet einkaufen bei:

- www.purenature.de
- www.allergie-shopping.de
- www.just-natural.de
- www.ein-besseres-leben.de
- www.radix-versand.de
- www.so-ja.de
- www.ulmafit.de
- www.veganbasics.de
- www.vegane-zeiten.de
- www.vegan-produkte.de
- www.veganladen.de
- www.alles-vegeratisch.de
- www.smilefood.de
- www.vegafrost.de
- www.veganfit.de
- www.querfood.de (glutenfreie Lebensmittel)
- www.baerentreff.de
- www.oekofrost.de
- www.baukhof.de (Backmischungen)

# Rezept- und Zutatenverzeichnis


## A
Amaretto-Hähnchen 69
**Ananas**
– Ananas, gegrillt 106
– Ananascreme mit Rum 102
– Ananas-Hähnchen 71
– Ananassoße 99
– Erdbeer-Ananas-Dessert 107
**Äpfel**
– Äpfel im Schlafrock 102
– Apfelbrot 133
– Apfel-Hafer-Müsli 28
– Apfelkuchen, steirisch 113
– Apfelmuffins 112
– Apfel-Senf-Dressing 43
– Apfel-Streuselkuchen 114
– Bananen-Apfel-Marmelade 33
– Birchermüsli 30
– Ente mit Apfel-Zwiebel-Füllung 73
– Kartoffelsalat mit Apfel 42
– Rosenkohl mit Äpfeln 94
Arabischer Bohnensalat 41
Avocadocreme 48
Badische Schupfnudeln 91
Baguette, französisch 132
Baked Potato mit Sourcream 48

## B
**Banane**
– Banane in Honig 106
– Bananen-Apfel-Marmelade 33
– Bananenmüsli 31
– Curry-Bananen-Cocktailsoße 47
– Curry-Dip 46
– Curryreis mit Schinkenbananen 51
– Exotischer Obstsalat 104
– Rhabarber-Bananen-Kompott 104
– Schoko-Bananen 106
Bandnudeln mit Champignons 60
Bandnudeln, grüne mit Krabben 61
Bärlauchsuppe 36
Baseler Leckerli 120
Basilikum-Vinaigrette 43
Bauernauflauf 84
Bauernrisotto 56
Beerensorbet 104
Berner Rösti 89
Bigos 81
Birchermüsli 30
**Birne**
– Apfel-Hafer-Müsli 28
Blitzschnelle Lauchsuppe 38
**Blumenkohl**
– Blumenkohlsuppe mit Kerbel 36
– Leipziger Allerlei 92
Blutorangen-Gelee 33
**Bohnen**
– Arabischer Bohnensalat 41
– Chili con Carne 77
– Kokosreis mit roten Bohnen 57
– Kräftige Bohnensuppe 64
– Leipziger Allerlei 92
Bouillabaisse 66
Brathähnchen 68
Bratkartoffeln 88
Braune Kuchenfiguren 124
Brokkolisuppe 36
Buchteln 109
Bunte Suppe mit Rindfleisch 64
Bunter Wintersalat 41

## C
**Chili**
– Ananassoße 99
– Kokosreis mit roten Bohnen 57
– Mexikanische Soße 47
Chili con Carne 77
Christmas Cookies 125
Cognac-Ringe 121
Couscous, Grundrezept 96
Couscous, süß 108
Curry-Bananen-Cocktailsoße 47
Curry-Dip 46
Curry-Hähnchen 71
Curryreis mit Schinkenbananen 51

## D
Deftiger Nudelsalat 42
**Dressings**
– Apfel-Senf-Dressing 43
– Basilikum-Vinaigrette 43
– Himbeer-Vinaigrette 44
– Joghurt-Kräuter-Soße 44

## E
Einfaches Weißbrot 128
**Eisbergsalat**
– Bunter Wintersalat 41
Ente mit Apfel-Zwiebel-Füllung 73
Entengeschnetzeltes süß-sauer 74
**Erbsen**
– Feine Erbsensuppe 37
– Leipziger Allerlei 92
– Reissalat 43
Erdbeer-Ananas-Dessert 107
Erdnuss-Soße 98
Exotischer Obstsalat 104

## F
Feine Erbsensuppe 37
**Fenchel**
– Provenzalische Hühnersuppe 66
Festtagsbraten 78
**Fisch**
– Bouillabaisse 66
– Handgeformtes Sushi 53
Fleischspieße mit Champignons 77
Frankfurter Grüne Soße 99
Französisches Baguette 132
Frikadellen 76

## G
**Garnelen/Krabben**
– Bouillabaisse 66
– Grüne Bandnudeln mit Krabben 61
– Handgeformtes Sushi 53
**Geflügelfleisch**
– Amaretto-Hähnchen 69
– Ananas-Hähnchen 71
– Brathähnchen 68
– Curry-Hähnchen 71
– Ente mit Apfel-Zwiebel-Füllung 73
– Entengeschnetzeltes süß-sauer 74
– Hähnchen-Rouladen mit Spinat 71
– Kartoffel-Hähnchen-Pfanne 72
– Mediterrane Hähnchenkeulen 68
– Provenzalische Hühnersuppe 66
– Putengeschnetzeltes 72
– Putenschnitzel in Zwiebelsoße 72
– Roter Reis mit Putenstreifen 57
Gefüllte Paprikaschoten 81
Gegrillte Ananas 106
Gemüse, glasiert 95
Geschmorte Zwiebeln 95
Glasiertes Gemüse 95
Gnocchi, selbst gemacht 91
Griechisches Sesambrot 130
Grießschnitten mit warmem Kirschkompott 108
Grundsoße, hell 98
Grüne Bandnudeln mit Krabben 61
Grüne Soße, Frankfurter 99
Gulasch 79
Gulaschsuppe 65
**Gurke**
– Klassischer Gurkensalat 39
– Knoblauchjoghurt 46

## H
**Hackfleisch**
– Bauernauflauf 84
– Chili con Carne 77
– Frikadellen 76
– Gefüllte Paprikaschoten 81
– Hack-Kartoffel-Auflauf 82

– Lasagne mit Hackfleisch 59
– Soße bolognese 63
Haferkekse 118
Hähnchenkeulen, mediterran 68
Hähnchen-Rouladen mit Spinat 71
Handgeformtes Sushi 53
Heidesand 118
Helle Grundsoße 98
Herzhaftes Nussbrot 133
**Himbeeren**
– Himbeerkonfitüre 32
– Himbeer-Vinaigrette 44
– Milchreis mit Himbeermus 100
Honigkuchen 122

## J

Joghurt-Kräuter-Soße 44

## K

**Karotten**
– Entengeschnetzeltes süß-sauer 74
– Glasiertes Gemüse 95
– Leipziger Allerlei 92
– Mediterraner Obstsalat 103
**Kartoffeln**
– Badische Schupfnudeln 91
– Baked Potato mit Sourcream 48
– Berner Rösti 89
– Bratkartoffeln 88
– Bunte Suppe mit Rindfleisch 64
– Hack-Kartoffel-Auflauf 82
– Kartoffelauflauf 84
– Kartoffel-Hähnchen-Pfanne 72
– Kartoffel-Paprika-Pfanne 88
– Kartoffelpuffer 50
– Kartoffelpüree 88
– Kartoffelsalat mit Apfel 42
– Kartoffelsalat mit Rindfleisch 42
– Kräftige Bohnensuppe 64
– Kräuterkartoffeln 50
– Paprikatopf 65
– Rosmarinkartöffelchen 86
– Selbst gemachte Gnocchi 91
Kindertörtchen 112
**Kirschen**
– Grießschnitten mit warmem Kirschkompott 108
Klare Tomatensuppe 38
Klassischer Gurkensalat 39
**Knoblauch**
– Ananas-Hähnchen 71
– Knoblauchjoghurt 46
– Knoblauchschmalz 48
– Kokosreis mit roten Bohnen 57
– Mexikanische Soße 47
– Provenzalische Hühnersuppe 66
– Rosmarinkartöffelchen 86
– Soja-Knoblauch-Dip 46
– Soße Bolognese 63
– Souflaki 77
Knuspermüsli 31
Kohlrouladen, vegetarisch 85
Kokosreis mit roten Bohnen 57
Kräftige Bohnensuppe 64
Kräuterkartoffeln 50
Kreppel 116
Kuchenfiguren, braune 124
Kümmelbrot 132
Kürbis, süß-sauer eingelegt 96
Kürbiscremesuppe 34

## L

**Lammfleisch**
– Souflaki 77
Lasagne mit Hackfleisch 59
**Lauch**
– Kartoffelsalat mit Apfel 42
– Lauchgemüse mit Pinienkernen 95
– Blitzschnelles Lauchsuppe 38
– Paprikatopf 65
Laugengebäck 130
Leipziger Allerlei 92

## M

**Mais**
– Bunte Suppe mit Rindfleisch 64
– Maisbrot 133
– Schneller Maissalat 38
Marzipan 117
Marzipanhörnchen 117
Marzipan-Stollen 122
Mediterrane Hähnchenkeulen 68
Mediterraner Obstsalat 103
Mexikanische Soße 47
Milchreis mit Himbeermus 100

## N

**Nudeln**
– Bandnudeln mit Champignons 60
– Deftiger Nudelsalat 42
– Grüne Bandnudeln mit Krabben 61
– Lasagne mit Hackfleisch 59
– Vegetarische Nudelpfanne 85
Nussbrot, herzhaft 133

## O

Obstsalat, exotisch 104
Obstsalat, mediterran 103
**Orangen**
– Blutorangen-Gelee 33
– Exotischer Obstsalat 104
– Mediterraner Obstsalat 103
– Orangen-Mandeltaler 125

## P

**Paprika**
– Bunte Suppe mit Rindfleisch 64
– Gefüllte Paprikaschoten 81
– Gulaschsuppe 65
– Kartoffel-Paprika-Pfanne 88
– Mediterrane Hähnchenkeulen 68
– Paprika-Tomaten-Dip 44
– Paprikatopf 65
– Roter Reis mit Putenstreifen 57
Pflaumen-Konfitüre 33
**Pilze**
– Bandnudeln mit Champignons 60
– Fleischspieße mit Champignons 77
– Grüne Bandnudeln mit Krabben 61
– Waldpilzrisotto 54
Pistazienherzen 119
Pizzateig 128
Provenzalische Hühnersuppe 66
Putengeschnetzeltes 72
Putenschnitzel in Zwiebelsoße 72

## R

**Radicchio**
– Bunter Wintersalat 41
**Reis**
– Bauernrisotto 56
– Curryreis mit Schinkenbananen 51
– Handgeformtes Sushi 53
– Kokosreis mit roten Bohnen 57
– Reissalat 43
– Roter Reis mit Putenstreifen 57
– Tomatenreis mit Zucchini 51
– Vegetarische Kohlrouladen 85
– Waldpilzrisotto 54
Rhabarber-Bananen-Kompott 104
Rinderrouladen mit Schinken-Salbei-Füllung 78
**Rindfleisch**
– Bunte Suppe mit Rindfleisch 64
– Gulasch 79
– Gulaschsuppe 65
– Kartoffelsalat mit Rindfleisch 42
– Rinderrouladen mit Schinken-Salbei-Füllung 78
Rosenkohl mit Äpfeln 94
Rosmarinkartöffelchen 86
Rösti, Berner 89
Roter Reis mit Putenstreifen 57
Rotkohl 96
Ruck-Zuck-Kekse 118

## S

**Salate**
– Arabischer Bohnensalat 41
– Bunter Wintersalat 41
– Deftiger Nudelsalat 42
– Kartoffelsalat mit Apfel 42
– Kartoffelsalat mit Rindfleisch 42
– Klassischer Gurkensalat 39
– Reissalat 43
– Schneller Maissalat 38
Sauerkraut 94
Schneetaler 121

Schneller Maissalat 38
Schoko-Bananen 106
Schokomuffins 110
Schupfnudeln, badische 91
**Schweinefleisch**
– Bigos 81
– Festtagsbraten 78
– Fleischspieße mit Champignons 77
Selbst gemachte Gnocchi 91
Sesamring, griechisch 130
Soja-Knoblauch-Dip 46
Soja-Marinade 98
Soße bolognese 63
Soße, mexikanisch 47
Souflaki 77
Spargel in Pergamentpapier 92
**Spinat**
– Hähnchen-Rouladen mit Spinat 71
Steirischer Apfelkuchen 113
Stollen-Kekse 124
Suppe, bunte mit Rindfleisch 64
**Suppen**
– Bärlauchsuppe 36
– Blitzschnelle Lauchsuppe 38
– Blumenkohlsuppe mit Kerbel 36
– Brokkolisuppe 36
– Feine Erbsensuppe 37
– Gulaschsuppe 65
– Klare Tomatensuppe 38
– Kräftige Bohnensuppe 64
– Kürbiscremesuppe 34
Sushi, handgeformt 53
Süßer Couscous 108
Süß-sauer eingelegter Kürbis 96

T

**Thunfisch**
– Reissalat 43
**Tomaten**
– Bauernrisotto 56
– Hack-Kartoffel-Auflauf 82
– Klare Tomatensuppe 38
– Paprika-Tomaten-Dip 44
– Tomatenreis mit Zucchini 51
– Tomaten-Sugo 61

V

Vegetarische Kohlrouladen 85
Vegetarische Nudelpfanne 85

W

Waldpilzrisotto 54
Wasserwecken 127
Weckmänner 114
Weißbrot, einfach 128
**Weißkohl**
– Bigos 81
– Vegetarische Kohlrouladen 85
Wintersalat, bunter 41
**Wirsing**
– Bauernauflauf 84
Wraps 53

Z

Zitronenbrezeln 120
**Zucchini**
– Bauernrisotto 56
– Hack-Kartoffel-Auflauf 82
– Mediterrane Hähnchenkeulen 68
– Tomatenreis mit Zucchini 51
**Zwiebeln**
– Ente mit Apfel-Zwiebel-Füllung 73
– Geschmorte Zwiebeln 95


## Stichwortverzeichnis


A

Allergietest 10

B

Babyernährung 11
Bindobin 22
Blausäure 117
Brötchen 16, 30
Brot 30

C

Couscous 98

E

Ei-Ersatz 22
Eiallergie 12
eifreie Lebensmittel 14–15
Eiweiß 12
Ernährungsfahrplan 14
Essen unterwegs 17

G

Gäste 134

H

HA-Nahrung 11
Hafermilch 18

K

Kalzium 10
Kalziummangel 10
Kekse aufbewahren 121
Kindergeburtstag 21
Klassenfahrt 21

L

Laktase 11
Laktose 12
Laktoseintoleranz 11
Lebensmittelkennzeichnung 13

M

Mandelmus 112
Medikamente 9
Mehlsorten 127
Milchallergie 9, 17
milchfreie Lebensmittel 14–15

N

Nahrungsmittelallergie 8
Natron 130
Nesselsucht 8
Nudeln kochen 60

R

Reisdrink 18

S

Säuglingsernährung 11
Sahneersatz 19
Seidentofu 19
Soffritto 62
Sojajoghurt 19
Sojamilch 18
Symptome 8

**Bibliografische Information der Deutschen Nationalbibliothek**
Die Deutsche Nationalbibliothek verzeichnet diese Publikation in der Deutschen Nationalbibliografie; detaillierte bibliografische Daten sind im Internet über http://dnb.d-nb.de abrufbar.

Programmplanung: Uta Spieldiener
Redaktion und Bildredaktion: Dr. Thamar Triebel
Umschlaggestaltung und Innenlayout:
Cyclus · Visuelle Kommunikation, Stuttgart

Bildnachweis:
Umschlagfoto vorn: Stockfood
Umschlagfotos hinten: Chris Meier, Stuttgart
Fotos im Innenteil: ccvision: S. 14 2. Bild von oben; Emotive/f1online: S. 6, 17; Fancy Healthy Food: S. 15 1. Bild von oben; Fotolia: S. 11, 14 1. Bild von oben, 15 unten, 135; istock: S. 14 3. Bild von oben; Jupiterimages: S. 15 2. Bild von oben; Chris Meier, Stuttgart: S. 2/3, 4/5, 14 unten, 15 3. Bild von oben, 18, 19, 20, 24/25, 26, 27, 28/29, 32, 34/35, 37, 39, 40, 45, 49, 52, 54/55, 58, 62, 63, 67, 69, 70, 75, 76, 79, 80, 83, 86/87, 89, 90, 93, 97, 100/101, 103, 105, 107, 110/111, 115, 119, 123, 126, 129, 131

Die abgebildeten Personen haben in keiner Weise etwas mit der Krankheit zu tun.

2., vollständig überarbeitete und erweiterte Auflage 2011



Printed in Germany

Satz: Ziegler und Müller, Kirchentellinsfurt
gesetzt in: APP/3B2, Version 9.1 Unicode
Druck: AZ Druck und Datentechnik GmbH, Kempten

Gedruckt auf chlorfrei gebleichtem Papier

ISBN 978-3-8304-3899-1 1 2 3 4 5 6
Auch erhältlich als E-Book:
eISBN (PDF) 978-3-8304-6096-1
eISBN (ePUB) 978-3-8304-6435-8



## SERVICE

### Liebe Leserin, lieber Leser,

hat Ihnen dieses Buch weitergeholfen? Für Anregungen, Kritik, aber auch für Lob sind wir offen.
So können wir in Zukunft noch besser auf Ihre Wünsche eingehen. Schreiben Sie uns, denn Ihre Meinung zählt!

Ihr TRIAS Verlag
E-Mail Leserservice: heike.schmid@medizinverlage.de
Lektorat TRIAS Verlag, Postfach 30 05 04, 70445 Stuttgart, Fax: 0711 89 31-748
Autorin: allergieberatung@web.de